中國政治思想史

談遠平◎著

序 言

一個人不論他是否喜歡政治，卻始終無法免除政治對他的影響。這種情形，到今日可能更形嚴重。換言之，即使我們號稱已經進入「後現代」，政治仍然是影響我們現實生活與生命意境的一個關鍵因素。從這個角度來看，探討政治思想，就格外有意義。更何況，中國政治思想史裏面，充滿著歷朝歷代思想家們的政治智慧，只要我們願意去探討傾聽，就一定會有所體悟，能幫助我們在現實政治中，立定腳跟，從而點燃光明，開創希望。

本書是個人講授中國政治思想史將近二十年的些許心得整理，有機會印行出版要感謝許多盡心指導或協助的友人。當然，書中所論還是有太多不周延的缺失，也盼望大家不吝指正，讓本書可以再做充實與修正。

談遠平

二〇〇三年二月二十日

目　錄

第一章　緒　論

第一節　研究政治思想之價值

「政治」一詞，目前在學術界並沒有完全一致的界說，因此隨研究者著重之重點不同，政治學也有不盡相同的定義。此如，伽納（J. W. Garner）認爲政治學從頭至尾是研究國家的科學，[1] 而拉斯威爾（H. D. Lasswell）則認爲政治研究是對權力及擁有權力者的研究，[2] 伊斯頓（D. Easton）則把研究一個社會中對價值的權威性分配，當成政治學的目的。[3] 但無論怎麼說，這些不同的定義都表示政治活動是人參加團體後的活動，是與其他人相關之活動，此即中山先生所說管理眾人之事謂之政治之意。但是，人類除了參與具體現實的政治活動之外，人類更要對政治活動有所反省與規劃，裨求使人類的政治活動更合理、更進步，由此即形成種種政治思想。於是，人類始有研究政治思想之必要。蓋泰爾（R. G. Gettle）就曾強調：研究以往的政治思想，對了解當前政治現況是非常重要的，所以研究政治思想，可幫助我們對政治活動的性質及發展，在更深入、更公正之觀察上，是具有實用價值的。[4]

而所謂研究政治思想具有「實用價值」，是因爲這種思想價值之討論與實際政治有密切之關係。蓋現實政治若缺少具有崇高理想價值之政治思想以兹指導，則現實政治必將只是權力爭鬥的政治，其境界不能高遠，設施不能豐贍，而亦無效果可言。此外，我們還知道政治思想之眞正可貴，在於其能爲解決政治問題而提供答案。而政治思想的研究，其主要意義亦不外使吾人透過了解思想家的理論，比較得失，進而發現政治原理，培養客觀的態度，對現實政治上的各種問題提出解決方案和看法。

第二節　中國政治思想之分期

中國政治思想史以虞、夏、殷、周時期爲開端。以時間言，至今已超越三千年以上；以政治歷史之背景言，先後歷經元后政治、封建政治、君主政治及民主政治諸階段。蕭公權則曾按思想演進之大勢，分中國政治思想爲四大時期：

一、創造時期

自孔子降生（紀元前五五一年）至秦始皇統一（紀元前二二一年）爲時約三百年，包括春秋晚期及戰國時代，學者通稱之爲先秦時代。

二、因襲時期

自秦漢至宋元（紀元前二二一年至西元一三六七年）爲時約一千六百年。

三、轉變時期

自明初至清末（一三六八年至一八九八年），爲時約五百年。

四、成熟時期

自三民主義之成立以迄於今。[5]

蕭氏此種分期法，甚爲恰當。對各時期之顧名思義，可以獲知中國政治思想史演變發展之大勢。

創造時期之先秦時期政治思想，此一時期時爲我國政治思想之全盛時期。蓋虞、夏、殷、周以來所傳承之各種思想，今分別經先秦諸子之整理發揮、融舊注新，使之斐然成章，各進爲一家之說。形成百家並作，諸子爭鳴之空前盛況。然我國政治思想至先秦時期而全盛，除繼承虞、夏、殷、周政治思想之基礎外，尚有其客觀之因素在。

蓋周室自平王東遷之後，逐漸衰弱，周人所賴以維持之封建制度，日漸崩潰，士族與庶人之間之界線，逐漸消失。貴族原有從政掌學之特權，亦普及於平民。此即史家所謂王官失守者。在另一方面，其時列國並存，相爭雄長；而同文壹教之術尚未用世。故思想自由，學無拘禁，處士得以橫議。當此社會蛻變之際，不僅爭戰頻仍，民生艱苦，且舊日所以維繫人心之風俗制度和禮儀法紀，皆動搖崩壞，失其原有之效果。故有志之士，受此鉅變之影響，乃根據以往所學和當時需要，檢討批評，進而提出種種主張，以謀求各種政治問題之解決。於是九流十家之思想，應運而生。

因襲時期係指自秦漢至唐宋之一千餘年時間而言。在此時期，政治思想之型態轉趨因襲。究其原因，乃以秦滅六國，政治局面，爲之一變。於是隨之而來者便是統一國家如建設問題。先秦時期，儒、墨、

道、法之思想雖皆有盛大之成就，惟欲建設此大一統國家，便感任何一家之言，均不能滿足需要。秦統一之初，行法家同文壹教之術，雖有若干成就，終因暴力統治，遂不旋踵而亡。及至漢代，根據秦人教訓，捨短取長，乃能完成大一統國家之建設。故秦漢以後，各家政治思想，遂進入一融合階段，唯其在思想上創見甚少，而趨於長期因襲。

　　轉變時期係指明清時代而言。在此時期因不斷受到外力刺激，中國政治思想乃發生轉變。在南北朝之時，佛教流行；五胡亂華，更為異族入主中國，然兩者雖亦促成政治社會宗教哲學各方面之衝擊，惟尚未引起政治思想之轉變。眞正使中國思想之轉變，「必俟明清時代，海通之後，歐洲之高度文化隨傳教士而播於中土。加以閉關自守之局破，昔日大一統之『天下』突然變為世界上列國之一。而積弱之餘，更屢為外國所侵侮。如此空前鉅變，自不免激起思想上之革命。……再則蒙古入主中國約一百年。人民備受異族之侵凌荼毒，儒家之仁義禮樂，法家之尊君重國，民法飭令，道家之知白守黑，任天無為，以及一切中國固有之政理治術，均經歷史之事實證明，不足以保民族之自存，則窮極生變，明清政治思想自不得不另闢途徑，向新方向以前進矣。」[6]

　　尤其自鴉片戰爭後，帝國主義入侵更甚，所需之新思想日感迫切，於是國人亦不得不從西洋思想中，尋求救國之方，一時有倡洋務運動、國家主義、民主主義、社會主義、自由主義等等皆為明證。此一劇烈之轉變，直自辛亥革命成功之後方告結束。

　　成熟時期係指辛亥革命成功後迄今而言。此時期之政治思想是以辛亥革命成功，改變傳統政治格局為特色。換言之，當前現實政治或仍有分歧紊亂處，然就政治思想之規模格局言，主權在民之實現，被認為確實已發展成功為成熟時期。

第三節　中國最早期政治思想之特色

　　我國政治思想一般多以先秦諸子思想為主要論述的緣起。但事實上在此之前即使尚無系統論著，仍有許多值得我人重視的思想源頭。

　　我國最早期政治思想的特色，大致可簡述於下：

一、天治思想

　　所謂天治思想一般常和神權思想相混。而神權思想是世上所有民族都曾經歷過的階段，蓋以古人對自然界了解不多，以為自然界之一切變化諸如風雨、電雷乃至人之生死禍福都另有神明負責，遂有崇拜超自然主宰或崇拜神明的思想。就此而言，中國最早期的先民也有這種思想。

　　在神權思想下，所謂天治思想原有以天為一有意識之人格神的涵義，此即一種直接的天治神權政治思想。這種人格神高高在上，無所不知，無所不在，無所不能，具無上權威，直接監管人間政治。此如經書上記載之：

　　「皇矣上帝，臨下有赫，監觀四方，求民之莫。」（詩經皇矣）

　　「帝休，天乃大命文王，殪戎殷。」（尚書康誥）

　　可見這種直接天治思想和西方或其他民族之上帝或神治思想都是

相同的。但是，我國的天治思想除上所述者之外，卻另有一種特色，即有所謂之間接天治思想。所謂間接天治思想，就是不把天當成人格神而係當成一種法則。亦即不認為天是有意志的，有知覺者，而是代表宇宙生成變化大法則之天命。此如：

> 「天生蒸民，有物有則，民之秉彝，好是懿德。」（詩經蒸民）

這表示世上一切自然現象或人文活動，有其當然之法則，人類只要自知奮發循此種法則，就可生活正常，政治活動也可於此步上正軌。循此思想特色乃使中國文化有重人文之發展，對我國文化及政治思想的影響是極深遠的。

二、君權思想

我國千餘年來幾乎都是君主政治，而君權到底從何而來，此即君權思想要解說者。

中國人的天治思想雖有直接天治與間接天治之不同，但兩者都可用以說明君權的來源。就直接人格神的天治思想言，係以君王為天之代表，君王當然由天而生，其權由天所授。換言之，在這種思想之下，中國人也多認為君王之產生有不平凡的「天命」，此如經書上所言之：

> 「天命玄鳥，降而生商，宅殷土茫茫。」（詩商頌玄鳥）
> 「履帝武敏歆，攸介攸止，載震載夙、載生載育，時維后稷。」（詩周頌生民）

　　這都是表示君主實爲人格神之所直接決定，其間並無理由可以解說。而若就間接天治思想來看，也可以引申出「天工，人其代之」的「天子」思想，蓋此處之「人」即「天子」，而天子可以「格於上下」，溝通天與人的意見，而形成天人相與的現實政治矣。

三、天命民本

　　中國古人雖重天治思想而有以天命決定君位的君權思想。但就現實而言，中國古人從現實體驗中也發現，君王即使是因天命而來，但君王之位並無固定不變之保障。某些行爲不良之君王仍可能喪失天命，可見天命與君王個人行爲之適當否及君王治理國政之適當否有密切相關的互動關係，故經書上有云：

「惟上帝不常，做善降之百祥，做不善降之百殃。」（商書伊訓）

「皇天無親，惟德是輔。」（書多方）

「夏王滅德作威，以敷虐于爾萬芳百姓，罹其兇害弗忍荼毒並告無辜於上下神祇，天道福善禍淫，降災於夏，以彰厥罪。」（尚書湯誥）

「天不可信，我道惟寧王德延……其汝克敬德……往敬用治。」（尚書君奭）

「汝念哉……若德裕，乃身不廢在王命。」（尚書康誥）

　　由上可知，天命之所在或天命會不會轉移都是以君王本人之道德爲標準的。因此千餘年來，中國人雖言天治與君權，但都認定道德是影

響天命與君權的關鍵因素。

　　進而可再說，君王必須有道德來永保天命，但道德仍可說是一抽象概念，故中國人認爲君王是否有道德，需視君王在治理天下時，是否以人民爲本。因此，民本思想乃成爲我國政治思想的核心概念，也是君權的重要條件。

　　對民本思想的論述，在經書上有：

「朕及篤敬，恭承民命。」（書盤庚）

「前我古后，罔不唯民之承。」（書盤庚）

「天視自我民視，天聽自我民聽。」（書泰誓）

「天聰明自我民聰明，天明畏自我民明畏。」（書泰誓）

「人視水見形，視民知治否。」（書湯誥）

　　由此可知，君王是否有德要以其實際政務表現，爲判斷之標準。而所謂實際政務是否良好，則可視政務推動是否以民爲本。這種思想使我國最早期的政治思想能以「天命民本」四字爲總結，而深具中國文化重人文精神之特色。即使說民本並非民主，但重視民本的思想傳統卻形成一特殊之政治文化，終使中國的君權軟化，不致過於暴虐。

註釋

1 參閱 J. W. Garner, *Political Science and Government*（American Book Co.，1928）。

2 參閱 H. D. Lasswell, *Political: Who Gets. What 、 When 、 How*（Whittlesey，1936）。

3 參閱 D. Easton, *The Political System: An Inquiry into The State of Political Science*（New York: Knopf, 1953）。

4 L. C. Wanlass, *Gettell's History of Political Thought*（Appleton-Century-Crofts, 1976），P. 15。

5 蕭公權，中國政治思想史，再版（台北：華岡出版社，民國六十年），頁二至三。

6 同5，頁六。

第二章 孔 子

第一節　孔子傳略

孔子名丘，字仲尼，魯國人。生於魯哀公二十二年（周靈王二十一，西元前五五一年），卒於哀公十六年（周敬王四十一，西元前四七九年）。享壽七十三歲。

孔子生性好學，嘗自稱：

「十室之邑，必有忠信如丘者焉，不如丘之好學也。」（公冶長）

「三人行，必有我師焉。」（述而）

子貢亦謂：「夫子焉不學，而亦何常師之有？」（子張）「學無常師」四字，最能道出孔子的好學實況。觀孔子以詩書、六藝、政治、文學諸端教授弟子，足見其學之精博。

孔子所處之時代，正值春秋戰國交替之際，王室凌夷，諸侯兼併，封建政治所賴以維持之宗法制度和等級制度，皆漸趨崩潰。孔子眼見天下無道，乃以悲天憫人之胸懷，作栖栖徨徨之奔走。其時有些隱者，常譏諷孔子的知其不可而為之，孔子則以「鳥獸不可與同群，吾非斯人之徒與而誰與，天下有道，丘不予易也。」以作答。

事實上，孔子一生偉大成就，不在政治上之撥亂反正，而在教育上之設教授徒，和對學術思想之偉大貢獻。孔子對教育之基本態度，是「有教無類」、「誨人不倦」。在教育內容上，則授以「禮、樂、射、御、書、數」六藝之教。此外，特重學生人格和德性之培養，推其用

心。旨在造就智德兼修的「士」或「君子」，進而開創文化發展之大方向。章太炎即曾說：「孔子之所以爲中國斗枓者，在制歷史、布文籍、振學術、平階級而已。總有四者，孔子於中國爲保民開化之宗。」[1]

其實孔子一生，自稱好古敏求，述而不作，曾刪詩書、定禮樂、贊周易、修春秋，使之成爲千古流傳之寶典。所以孔子在中國教育和學術思想上，不僅爲保民開化之宗，且尤爲中國文化之中心。柳詒徵就曾說：「孔子者，中國文化之中心也。無孔子則無中國文化。自孔子以前之中國文化，賴孔子而傳。自孔子以後之中國文化，賴孔子而開。」[2]

第二節　仁的意涵

仁字在我國古籍中出現最早者，首推周禮，周禮大司徒「六德—智、仁、聖、美、中、和」爲仁字初見最早者。可是，仁的哲學意義則爲孔子所創發。此亦即是說，古殷代文獻中並無「仁」這個字，周以後雖有仁字，涵義並不確定。至孔子，仁的涵義才有確解，成爲做人的最高原則。

論語一書中，仁字共出現一百零五次，論語書中共有五十八章論仁。其餘各章雖不明提仁字，但其意涵皆與仁的理念相關。故蔡元培乃說：「孔子理想中之完人，謂之聖人。聖人之道德，自其德之方面言之曰仁；自其行之方面言之曰孝；自其方法方面言之曰忠恕。」[3]而梁啓超亦說：「儒家言道言教，皆植本於仁。」[4]

如果從仁字之構造來看，其左邊是一「人」字，其右邊是一「二」字，這表示有兩個人才用得上「仁」字，所以古人說：「人，相人偶

也。」此即表示仁是人與人相處之道，可見仁的出發點是在人際關係。清儒阮元就依此而說：「詮釋仁字，不必煩稱遠引，但舉曾子制言篇：『人之相與也，譬如舟車然，相濟達也。人非人不濟，馬非馬不走，水非水不流。』及中庸篇：『仁者人也』鄭康成注：讀如相人偶之人。數語足以明之矣。春秋時孔門所謂仁也，以此一人與彼一人相人偶，而盡其敬禮忠恕等事之謂也。」[5]。但是我們認為，如果只從人際關係來解釋孔子的仁，似乎仍不能完全把握孔子論仁的整個意涵。例如，孔子說：「我欲仁，斯仁至矣。」（述而篇）就不能只從人際關係去體會。類似這種話事實上包括兩方面意涵，一方面是對自己人格的建立發出無限地要求。另一方面，是對他人感到有應盡的無限責任。簡單的說，即是要求成己而同時即是成物的精神狀態。因此可說，仁是「人」才能表現出來者，而不仁者又可視之為非人。所以古人又常將人與仁互訓。例如，中庸上說：「仁者，人也」，孟子盡心篇上也有：「仁也者，人也」。這除了說明仁之概念是在人際關係外，更要與人之概念相涵攝。而又因為有仁心良知的方才是人，仁的德性也必然是落實於擴充孟子所言四端之良知本心。所以，人必須先能自覺有仁心良知，才能表現出仁之德。因此，雖然我們很難為「仁」下一個知解上的定義。但是只要人能自覺其良知，就能成為仁者。而且自覺的越深刻，越能體認或展現仁的美德。

其次，我們可以發現，孔子對仁的理念雖極重視，但卻未對仁的理念加以明確的界說，孔子只是針對門下弟子本人人格特質和其所處社會環境之不同，直接就其人際關係與道德責任加以指點。故論語一書中記載孔子對仁的說明層面甚廣。此如：

顏淵問仁。

子曰：「克己復禮為仁，一日克己復禮，天下歸仁焉，為仁由己而由人乎哉？」顏淵曰：「請問其目。」子曰：「非禮勿視，非禮勿聽，非禮勿言，非禮勿動。」顏淵曰：「回雖不敏，請事斯語矣。」（顏淵篇）

仲弓問仁。

子曰：「出門如見大賓，使民如承大祭；己所不欲，勿施於人；在邦無怨，在家無怨。」仲弓曰：「雍雖不敏，請事斯語矣。」（顏淵篇）

樊遲問仁。

子曰：「愛人。」（顏淵篇）

司馬牛問仁。

子曰：「仁者，其言也訒。」曰：「其言也訒，斯謂之仁已乎？」

子曰：「為之難，言之得無訒乎？」（顏淵篇）

子貢問仁。

子貢問：「如有博施於民，而能濟眾，何如？可謂仁乎？」

子曰：「何事於仁，必可聖乎！堯舜其猶病諸？夫仁者己欲立，而立人，己欲達，而達人。能近取譬，可謂仁之方也已。」（雍也篇）

子貢問仁。

子曰：「工欲善其事，必先利其器。居是邦也，事其大夫之賢者，友其士之仁者。」（衛靈公篇）

子張問仁。

> 子張問仁於孔子。孔子曰：「能行五者於天下，為仁矣。」
> 「請問之？」曰：「恭、寬、信、敏、惠。恭則不侮，寬則
> 得眾，信則人任焉，敏則有功，惠則足以使人。」（陽貨篇）

由上所引，可知仁包含了一切做人處世的道德條目，真可說是全德之名。

至於如何才能體會孔子之仁，梁漱溟認為像胡適之在中國哲學大綱上說：「仁就是理想的人道，盡人道即是仁」；或像蔡子民在中國倫理學史上說孔子的仁乃是「統攝諸德完成人格之名」，雖然正確，但仍嫌「籠統零蕩」，「並不能讓我們心裏明白」。所以梁漱溟以論語上之宰我問三年喪太久，孔子回答：「汝安則為之」為例，說明「這個『仁』就完全要在那『安』字上求之」，因此：「敏銳的直覺就是孔子所謂仁」[6]。可見，仁是人之不忍人之心的自然流露，而愈能有此敏銳直覺，當然就是對仁心良知愈有自覺之人，其行為就是仁了。

其次，我人若僅在認知中自以為有所知並不算是仁，而是要加上推廣的工夫，才能使自覺之仁內化為自己生命之一部分。這時的自覺才是真知，真知必然自然興發，沛然莫之能禦。孔子一生倡仁，正說明他不希望大家只在客觀的知性了解上空談仁，而是要透過即知即覺即行的工夫，使仁的觀念落實在生命之中，於是仁不僅是觀念而是生命。這種仁的生命，論語中有：

> 「樊遲問仁，子曰：愛人。」（顏淵篇）
> 「子曰：汎愛眾，而親仁。」（學而篇）

此皆說明仁之生命以愛為中心的。因此，就政治活動言，凡能以

同情之愛心以改善社會亂象解救生民痛苦者，即可謂之仁，如：

「子路曰：『桓公殺公子糾，召乎死之，管仲不死，曰未仁乎？』子曰：『桓公九合諸侯，不以兵車，管仲之力也，如其仁。』。」（憲問篇）

而仁之表現到極致，則為由「立己立人」到達「博施濟眾」的境界。故論語上又有：「子貢曰：『如有博施於民，而能濟眾，何如？可謂仁乎？』子曰：『何事於仁，必也聖乎，堯舜其猶病諸！夫仁者己欲立而立人，己欲達而達人，能近取譬，可謂仁之方也已』。」（雍也篇）

這種「己立立人」、「己達達人」表現出「博施濟眾」之仁的道理，進一步推論，就是在說如果人能以良知本心自我做主，就能開創出生命價值上的無上光輝，人亦即成為天地創造的泉源之一。因為人有「己立立人」的仁心，所以宇宙萬有生滅變化之生生不息的超越性天道天理，就在仁的運潤中，與人心內在德性生命之實體承當而合為一體。於是，人不但對自己生命的理想擴而申之，進而能提攜完成其他人生命中的理想價值，更以同情之愛心，兼天地備萬物，使萬物的生命價值都能呈現，以成就一切生命種種向上發展的可能，這樣才真正實現了人生之理想，使自己一人的生命上接於天，下澈於地，而有親親仁民愛物之仁。

上述，所謂親親仁民之一體之仁，就政治思想的觀點來看，正是所謂仁的內涵為推自愛之心以愛人。由此可見孔子之仁在政治思想的最大特點，在於把「人」視為政治生活之起點、內容和目的。蓋孔子之思想，即認為政治生活只是人性之表現，是人性或人格發展之過程，和滿足人類要求之努力。由此可見，在孔子思想中，政治活動不該只是爭權

奪利的鬥爭之事，政治活動應該是要有理想的，亦即是說政治的目的就是仁的實踐。而仁的實踐或政治生活的目的，是每一個平凡的人本其自覺之良知，把自己當「人」看，把其他的人也當「人」看，於是在由親親而仁民，由仁民而愛物，進而推到「博施濟眾」、「天下歸仁」。此也正是大學一書中所說「身修而後家齊，家齊而後國治，國治而後天下平」的修、齊、治、平之道。這一方面說明仁心推擴發展之可貴，另一方面更說明由家庭、社會、到整個國家甚至全世界，都是我們行仁之場所。這些正是仁的道德理念與其具體落實於政治活動所可能獲致的成就。

　　因此，孔子之仁的第一義是一個人面對自己而要求自己能真正成為一個人的自覺自反。真能自覺自反的人便會有真正的責任感。有真正的責任感，便會產生無限向上之心。因為，唯有當人類自覺明白自己生命的要求與努力的方向，樹立起責任感，自然會由內及外的感通不已而有合理正常的人倫關係。所以，一切學問道德，歸根結底是一個「仁」字。仁即人道之總稱，即是「愛人」。由愛父母兄弟以推至社會國家天下，是很自然的。這樣一來，在政治活動中，一夫之飢或溺皆只是自己仁德推廣之不足。於是，我們可說：「孔子言仁，實已冶道德、人倫、政治於一爐；致人、己、家、國於一貫，物我有遠近先後之分，無內外輕重之別。若持孔子之仁學與歐洲學說相較，則其旨既異於集合主義之重團體而輕小我，亦非個人主義之伸小我以抑國家。二者皆認小我與大我對立。孔子則泯除畛域，貫通人己。」[7]

第三節　德治思想

西周末年，犬戎攻入鎬京，周平王東遷洛陽，畿土大削，王室立刻衰微。自此以後，政局逐漸以諸侯爲重心，封建政治所賴以維持的宗法制度和等級制度都漸趨崩潰，於是諸侯兼併，夷狄交侵，戰爭連年。後來連氏族中的陪臣也起而篡奪權柄，政局更爲混亂，百姓生活更爲痛苦。而孔子欲解決生民這種苦難所提出的對策，就是德治思想。這種德治思想對孔子之後中國的政治發展有很大的影響，所以我們特別就德治思想的具體內容來論述之。

一、當政者要力行養民仁政

孔子認爲政局安定的基礎不是權力，而在於人民的信任，所以說：「民無信不立」。但是，當政者更要知道，百姓之所以信任他，主要的仍是因爲他能保國衛民增加人民的幸福，這不是任何武力鎮壓能成其事的。所以孔子更說：「足食、足兵，民信之矣。」（顏淵篇）又說有君子之道四焉，而其中之一就是「養民也惠」（公冶長篇）。像這樣的言論在論語中隨處可見，像裕民生、輕賦稅、惜力役、節財用等養民之道都是仁政德治的範疇。此如：

「哀公問於有若曰：年饑，用不足，如之何？有若對曰：盍徹乎？

曰：二，吾猶不足，如之何其徹也？對曰：百姓足，君孰與不足？百姓不足，君孰與足？」（顏淵篇）

「子適衛，冉有僕。子曰：庶矣哉！冉有曰：既庶矣，又何加焉？

曰：富之。曰：既富矣，又何加焉？曰：教之。」（子路篇）

「子貢問政，子曰：足食、足兵，民信之矣。子貢曰：必不得已而去，於斯三者何先？曰：去兵。子貢曰：必不得已而去，於斯二者何先？曰：去食。自古皆有死，民無信不立。」（顏淵篇）

「子曰：道千乘之國。敬事而信，節用而愛人，使民以時。」（學而篇）

「子謂子產有君子之道四焉：其行己也恭，其事上也敬，其養民也惠，其使民也義。」（公冶長篇）

「丘也聞有國有家者，不患寡，而患不均，不患貧而患不安。蓋均無貧，和無寡，安無傾。」（季氏篇）

由上可知，德治最具體的內容就是教養兼施，不但要增加生產，節省財用，分配合理，減輕稅課，使人民生活富足安定，更要有一定的教化，使人民養成良好的品德與善行。這些綜合而言，即是要執政者以「博施濟眾」爲目標。而「博施濟眾」在孔子心目中就是聖人事業，是仁德的展現，故可說：孔子以養民爲要務，蓋亦仁愛思想之一種表現。

二、理想政治家的要求

孔子德治思想對理想政治家有深刻的期許，更以德爲政治領袖理想與否的標準。這是因爲中國文化史上人文精神之萌芽在周初，孔子也接受傳承了周人以「天命靡常」之觀念來解釋其克商之成功，這才使政治活動奠下道德的基礎，使「受命者」須以本人之德行爲重。此如在孔子之前的周公，就曾訓誡成王說：

「天亦哀於四方，其眷命用懋，王其疾敬德……王敬所作，不可不敬德。惟不敬厥德，乃早墜厥命……惟王其疾敬德。王其德之用，祈天永命。」（書經・召誥）

周公此處所謂明德、敬德，實即是德治思想。蓋周公深知爲政必須實行德治，切實做到仁民愛物，才能使政局安定，才能永保天命。因此，周公強調敬德重於天命，他說：

「天不可信，我到惟寧王德延……其汝克敬德……往敬用治。」（書經・君奭）

由此可見，以周公爲代表的傳統思想，一論及治道，莫不主張以德撫民，以德爲治。因爲以德撫民，以德爲治，必是勤政愛民以身作則的聖君，於是才能得萬民擁戴，措天下於磐石之安。孔子完全繼承這種思想，而有下述之論說，例如：

「上好禮，則民莫敢不敬。上好義，則民莫敢不服。上好

信，則民莫敢不用情。」（子路篇）

「季康子問政於孔子曰：如殺無道，以就有道，何如？孔子
對曰：子為政，焉用殺！子欲善，而民善矣。君子之德風，
小人之得草，草上之風必偃。」（顏淵篇）

「政者，正也。子帥以政，孰敢不正？」（顏淵篇）

由此可知，孔子之政治思想，一言以蔽之，即德治仁政而已。蓋
德治仁政是愛民之政、利民之政，唯其在位者是以德服人，使人心悅誠
服，故政刑只能是輔教化不足之用時才能用，不可以政刑為施政之本，
在此基礎上政局才得安定，百姓才得到幸福。

因此，孔子之求貫徹德治思想的原因之一，就是想要使德智兼備
的君子居政治上之高位。而要以其崇高之人格來感化百姓，以實現政治
理想。蓋在孔子心目中，政治一事只是在行仁，故絕不可由不仁者居高
位；不仁居高位，則政治失起點，一切所為皆徒勞無益。而既是把政治
視為行仁，則行仁者當以主政者個人之修身推仁為起點。所以「自孔子
視之，修身以正人，實為事至簡，收效至速，成功至偉之治術」[8]。如
果這理想能實現，自然是社會安和，正平刑措，天下歸仁。

由此可知，由於孔子的德治思想主要是透過人的道德自覺，以完
滿其人格之發展。因此，對較常人負更重大政治責任的君王，則更應該
先力求實現自己身為一個人的本分。因此才有「修己以敬」，「修己以
安百姓」的說法。在這個要求之下，政治領袖的德，對被統治者自然才
會有啟發的作用。所以大學上才有這樣一段話：

「所謂平天下在治其國者，上老老而民興孝；上長長而民興弟；上
恤孤而民不倍；是以君子有絜矩之道也。」

　　此所謂上老老、長長、恤孤，即指政治領袖個人人格之實現。這些就是德，而此德又應為天下人共有，故人民受此啓發乃興孝、興弟。而這又與政治領袖的德相感通，於是有「民之所好好之，民之所惡惡之」的結果。這樣一來，在實際政治活動中，不但君民之間沒有矛盾對立，大家更不會陷於權利爭鬥的惡性循環中。

三、成就每個人的德性生命

　　孔子認為要使政局安定，單靠嚴密的法規制度是不足以濟世的。他認為法令規章只能約束人的外表行動，並不能點化一個人的內心，提昇一個人的真正的德性生命。所以，孔子不主張用政治權力去壓制人民，而要直接從人之內在良知仁心入手，透過個人固有之德，來建立人與人之內在關係。所以，孔子乃說「為政以德，譬如北辰，居其所，而衆星拱之。」（為政篇），又說：「道之以政，齊之以刑，民免而無恥。道之以德，齊之以禮，有恥且格。」（為政篇）魯哀公為政令不行而問於孔子：「何為則民服？」他就回答說：「舉直錯諸枉，則民服；舉枉錯諸直，則民不服。」（為政篇）對此程子曾註解說：「舉錯得義則心服。」可見，這是把道德當成人心服的最後根據，也就是說政治活動要奠基於德性生命。而由「有恥且格」之言更可以看出，「孔子之治術傾向於擴大教化之效用，縮小政刑之範圍。其對道德之態度至為積極。」[9]

　　同時，這種德治主張，表現出來的即是日常人文人倫之儀則，亦即天理之節文表現於外成為禮治之精神，融全民於人倫之禮中，乃才有自內而外的德性生命。故朱熹曾說：「德又禮之本也。此其相為終始，不可以偏廢。德禮之效使民日遷善而不自知。」這正表明，德與法之不

同，在於純以法治，則只自外限制人之外表行動，其結果不免於人日遠其德矣。從這個觀點來看，孔子所主張的政治社會，在本質上實不異於一個培養偉大人格之道德教育社會。所以說，孔子之德治思想正是要成就每一個人的德性生命。而且認爲當這個理想實現時，可以達到「無爲而治」的境界。此即：「無爲而治者，其舜也歟；夫何爲哉，恭己正南面而已矣。」（衛靈公篇）這樣一來，人人能各盡其德，即係人人相感通於人之所以爲人的內在共同根據中。孔子認爲，這種德治才是政治活動的眞正目的與極致。

第四節　禮治思想

一、禮治的根本精神

　　一般而言，孔子政治思想的基本內涵是德治主義；在對外實施上，則是禮治主義。這是因爲孔子透過仁來論述道德心靈的自覺，必然要在具體行爲中實現道德心靈的自我要求。換言之，仁德若是道德心靈的自覺，這種主體自覺，必須是人類能夠實踐者，否則就會流於空疏妄誕，不成其爲規範。而道德規範經由人類行爲的實踐，證明爲合乎人類相處之道，則這種行爲本身即反顯成一種德目而值得吾人共守，於是乃使主體抽象性道德原理轉化成具體道德規範，此亦即何以孔子在論仁與論德治之後，進而要講禮治。

　　有人以爲孔子所提倡的禮治是一套僵化的禮節，可是，禮是否即

是一套僵化的外在禮節形式呢？左傳昭公二十五年上即有過討論：「子
大叔見趙簡子，簡子揖讓周旋之禮焉。對曰，是儀也，非禮也。簡子
曰，敢問何謂禮。對曰……夫禮，天之經也，地之義也，民之行也。…
…民之失其性，是故爲禮之以奉之。爲六畜、五牲、三犧，以奉五味，
爲九文、六采、五章以奉五色，爲九歌、八風、七音、六律以奉五聲，
爲君臣上下以則地義，爲夫婦內外以經二物，爲父子、兄弟、姑嫂、甥
舅、婚媾、姻業以象天明，爲政事、庸力、行務以從四時。」

　　此處所謂「是儀也，非禮也」，即明確指出人類文明儀則包括祭
祀、音律、君臣、夫婦、父子、兄弟、政令等都只是「揖讓周旋」之
儀，而這些儀必須有其內在於人心的根據，唯就此內在於人心中之根據
才有所謂之「禮」，故曰：「民失其性，是故爲禮以奉之。」孔子之重
視與倡導禮的重要，其眞正的理由蓋亦在此。孔子在回答宰我所問「三
年之喪」時的論點，特別可以用來說明孔子對禮之根源性的看法：「宰
我問三年之喪，期已可矣。君子三年不爲禮，禮必壞；三年不爲樂，樂
必崩。舊穀既沒，新穀即升，鑽燧取火，期已可矣。子曰食夫稻，衣夫
錦，於女安乎？曰安。女安則爲之。夫君子之居喪，食旨不甘，聞樂不
樂，故不爲也。今女安則爲之。」（陽貨篇）

　　所謂「女安則爲之」表示孔子把「三年之喪」的傳統體制，直接
歸結爲孝子具體的孝親之愛，把一般以爲的外在儀則直接訴之於內在生
命情感，這也就把社會習尙中可能被誤會的僵硬性強制規定，提昇爲日
常生活中的生命自覺理念。因此孔子早期所言之「禮」與其言「君子」
雖有偏狹的一面，原係在「禮樂崩壞」之際，欲藉「禮」回復到封建之
禮，但孔子禮治思想之根本精神，卻不可被誣爲只是爲某一階級服務，
更不可拿「保守、落後以致反動」來批評孔子。

蓋論語一書中，雖然有：

「季氏旅於泰山，子謂冉有曰：女弗能救與？對曰：不能。
子曰：嗚呼！曾為泰山，不如林放乎？」（八佾篇）

「……然則管仲知乎禮？曰：邦君樹塞門，管氏亦樹塞門；
邦君為兩君之好有反坫，管氏亦有反坫。管氏而知禮，孰不
知禮？」（八佾篇）

「三家者以雍徹，子曰：相維辟公，天子穆穆，奚取於三家
之堂？」（八佾篇）

「孔子謂季氏，八佾舞於庭；是可忍也，孰不可忍也！」（八
佾篇）

由上可知，孔子原初認為禮壞樂崩的原因，在於當時卿大夫已僭
行諸侯甚至天子之禮。孔子對這種「僭禮」的行為非常不滿，故對季氏
旅於泰山，管仲之樹塞門都加以諷責，意思當然希望回復到天子行天子
之禮，諸侯行諸侯之禮，大夫行大夫之禮的穩定社會。然我們要鄭重指
出，如果孔子思想只是如此而已，則不能成為中國人心目中的「至
聖」。孔子實因跳出特定環境，直接就人心之仁指點出禮的根源，才得
「至聖」之美名，此如：

「人而不仁，如禮何？人而不仁，如樂何？」（八佾篇）

「林放問禮之本，子曰：大哉問，禮與其奢也寧儉，喪與其
易也寧戚。」（八佾篇）

「令之孝者，是謂能養，至於犬馬皆能有養，不敬，何以別
乎？」（為政篇）

「子夏問曰：巧笑倩兮，美目盼兮，素以為絢兮，何謂也？子曰：繪事後素，曰：禮後乎？子曰：起予者，商也，始可與言詩已矣。」（八佾篇）

蓋「繪事後素」即以禮為後起，可見禮之根源在人心之仁而不在外飾節文之上。相反的，孔子更對徒具形式的虛偽之禮，是極其反感的。所以孔子曾說：「禮云禮云，玉帛云乎哉？樂云樂云，鍾鼓云乎哉？」（陽貨篇），可見仁是禮之根本，禮是仁之節文。有仁無禮，則仁流於空泛，甚至混亂。有禮無仁，則流於虛偽。所以我們可說儒家思想可歸結為：「由仁生義，由義生禮」，或「攝禮歸義，攝義歸仁」。

因為，「仁」是指人與天地萬有的內在感通，由於這一感通，對萬有都有一真誠尊重，而能自守應對上之分寸。這種應對上的具體化就是行為規範，而禮正透過禮義與制度，使生命充滿道德美感。孔子之偉大，即在說明闡發此一義理，在上述的基礎上，孔子乃對禮之功用推崇備至。如：

顏淵問仁。子曰：「克己復禮為仁，一日克己復禮，天下歸仁焉。為仁由己，而由人乎哉！」顏淵曰：「請問其目。」子曰：「非禮勿視，非禮勿聽，非禮勿言，非禮勿動……。」（顏淵篇）
「子曰：興於詩，立於禮，成於樂。」（泰伯篇）
「子曰：不知禮，無以立也。」（堯曰篇）

孔子對禮的推崇，還是因為所謂之禮實以內在之仁心為本，發自天理而泛應曲當形成種種人事之儀則，故而說：「一日克己復禮，天下

歸仁焉。」以及：「不知禮，無以立」。既然禮是人事儀則的曲當，能夠達到禮記曲禮所言：「夫禮者，所以定親疏，決嫌疑，別異同，明是非。」之功效，則政治活動中只要人人各因其相關之分際，謹守至當之儀則，自可藉此培養出高尚的人品德性，而不必以嚴酷的刑法來管制百姓，故孔子在大戴禮記禮察篇上說：「凡人之知，能見已然，不能見將然。禮者禁於將然之前，法者禁於已然之後。……禮云、禮云，貴絕惡於未萌，而起於微眇，使民之日遷善遠罪而不自知也。」因此，孔子極力主張以禮治國，他說：「爲政先禮，禮其政之本與。」（禮記哀公問）「子曰：爲國以禮」（先進篇）「子曰：能以禮讓爲國乎，何有！不能以禮讓國，如禮何！」（里人篇）「子曰：上好禮，則民易使。」（子路篇）「子曰：上好禮，則民易使。」（憲問篇）「子曰：道之以政，齊之以刑，民免而無恥；道之以德，齊之以禮，有恥且格。」（爲政篇）「子曰：安上治民，莫善於禮。」（孝經）

二、孔子禮治思想的倫理原則

之前曾說明孔子論仁必須以人的仁心良知爲本，因此孔子若論人與人之間的關係，必以仁心之推擴感通爲中心，由此而有孔子心目中的「禮」。這正說明孔子之「禮」或「仁」之表現，爲人之天性中的良知本心落實於日常生活的敬愛之情。然吾人進一步要追問此敬愛之情當以何處爲起點？此愛如何方能實現？

就這個問題，孔子認爲：「君子務本，本立而道生，孝弟也者，其爲仁之本歟。」（學而篇）可見仁心德愛的實踐，必始於日常生活中最親近的對象。而就人類言，絕大多數人其最親近的交往對象當然是父

母、兄弟、妻子兒女，於是我們方知儒家何以在論仁說禮之時，特別重視人倫關係。因爲如果說仁心之踐致是一種德性心靈的覺醒，是一種同情愛心的發揮，那麼仁心踐致所形成的理想行爲模式的「禮」，必也是從同情心最近者體驗推廣起。因此，梁啓超就說儒家是把這個社會當成「由人類同情心所結合。而同情心以各人本身最近之環圈爲出發點，順等差以漸推及遠」[10]，「而這種人格先從直接交涉者體驗起，同情心先從最近者發動起，是之謂倫理」[11]。所以，我們認爲這種倫理原則就是禮治思想的根據。

由於倫理關係是人與生俱來的一種人際的交往關係，亦是人與人之間的一種互動關係。由家庭裡的親人開始，推而廣之，及於他人，都是一種相處應對之道。所以儒家在論政治活動時，喜言「親親而仁民，仁民而愛物」，以此而申民胞物與，天下一家的政治抱負。因此所謂倫理乃是人與人相處時最恰當的道理。當然還是從人的良知理性來的；是由自己仁心的自覺開始，再一層一層、一步一步向外推，所謂推自愛之心以愛人正是此意。於是有「推己及人」、「己立立人」與「老吾老以及人之老，幼吾幼以及人之幼」，即都是以自我道德生命覺醒爲中心向外推擴，從己到家，由家到國，由國到天下，是一條通路。而由於交往關係上對象不同，所以又有五倫之說。也就是說，人類的人倫關係大體上有五種對等的相互關係。所以梁啓超又說：「五倫完全成立於相互對等關係上，實即『相人偶』的一種方式。」[12]。其中如父子之間，若父慈子孝謂之「有親」；若兄友弟恭謂之「有序」。以這種相互對等關係，來界定彼此行爲應守的本分，以期人與人相處和諧，就是「禮」之功效了。

因此，儒家之重視孝道，實因爲人倫關係中父母子女關係爲最直

接交涉者，故倫理關係中的孝道不僅出乎人性，亦爲一切德性之本，論語所謂「孝弟也者，其爲仁之本與」正是此理。人未有不愛其父母而愛他人者，即或有之，其愛必非眞愛。孝經稱：「不愛其親而愛人者，謂之悖德；不敬其親而敬他人者，謂之悖禮。」而這其間亦只是情感眞誠與否的問題而已。此外孔子論孝亦有：「孟武伯問孝。子曰：父母唯其疾之憂。」（爲政篇）「子游問孝。子曰：今之孝者，是謂能養；至於犬馬，皆能有養，不敬何以別乎？」（爲政篇）「孟懿子論孝。子曰：無違。樊遲曰：何謂也？子曰：生，事之以禮；死，葬之以禮，祭之以禮。」（爲政篇）「子夏問孝。子曰：色難。有事，弟子服其勞，有酒食，先生饌，曾是以爲孝乎？」（爲政篇）

由「色難」一句，我們即可知孝親絕非只是經濟性行爲，也不是「養兒防老」所能解釋的。相反的，孔子所謂「無違」、「唯其疾之憂」、「不敬何以別乎」，都是人類天性情感的自然流露，此與孔子論「三年之喪」時說之「女安則爲之」合併來看，更可知其眞意。

三、正名思想之眞意

正如同孔子之論君子與論禮，其提出正名主張之原始動機，很可能旨在恢復周初封建體制，此如他對當時政治情況的評語是：

「天下有道，則禮樂征伐自天子出。天下無道，則禮樂征伐自諸侯出。自諸侯出，蓋十世稀不失矣。自大夫出，五世稀不失矣。陪臣執國命，三世稀不失矣。天下有道，則政不在大夫，天下有道，則庶人不議。」（季氏篇）

這表示孔子認為自春秋霸政之後，諸侯僭越天子，大夫僭越諸侯，以至陪臣執國，庶人議政乃使天下大亂。孔子為了使「禮樂征伐自天子出」，故而主張大名分之防，嚴君臣上下之別，揭櫫正名思想。論語即載：

> 「子路曰：衛君待子而為政，子將奚先。子曰：必也正名乎。子路曰：有是哉？子之迂也，奚其正？子曰：野哉由也；君子於其所不知，蓋闕如也。名不正則言不順；言不順則事不成，事不成則禮樂不興，禮樂不興則刑罰不中，刑罰不中則民無措手足。故君子名之必可言也，言之必可行也。」（子路篇）

「必也正名」是孔子心目中「為政」之頭等大事。而「正名」為何如此重要，自字面上看是因為「正名」可以循名責實，名實相符。

可是為什麼循名責實與「言不順」、「事不成」、「禮樂不興」、「刑罰不中」、「民無所措手足」有這麼密切的關係呢？孔子乃從恢復周初封建制度的動機提昇出來，重新思考理想政治的可能，轉而使「正名」與其倫理禮治思想結合，使「正名」思想的重要性得以新的確立。此如論語記載：

> 「齊景公問政於孔子。孔子對曰：君君臣臣，父父子子。公曰：善哉，信如君不君，臣不臣，父不父，子不子，雖有粟，吾豈得而食諸？」（顏淵篇）

在此，孔子的「正名」思想已不再以回復封建之禮為企圖，而轉成倫理責任關係的闡明，故「君君、臣臣、父父、子子」這句話，可以

算是說明孔子正名觀念的最好說明，它是說君唯有在完成君所應負之責任時，始能承擔君之「名」，其餘所謂「臣」、「父」、「子」皆同。梁啟超乃說：「君如何始得為君，以其履行對臣的道德責任故謂之君。反是，則君不君。臣如何始得為臣，以其履行對君的道德責任故謂之臣。反是，則臣不臣。父子兄弟夫婦朋友莫不皆然，若是者，謂之五倫」[13]。

於此，又可看出所謂之責任，至少有政治活動中之責任與道德意義上的責任，以孔子之倫理原則來看，「正名」當又以道德意義為重，然此道德責任並不違背政治責任。更不可就其重「責任」與君臣上下間相對待之權利義務關係而說孔子屬於封建階級，或說孔子引申了權威主義。所以勞思光亦說：「孔子及日後儒者所提倡之人生態度是，關心一切人之幸福，而實踐中依理分而盡其力；對於本國政府，對於父母，對於兄弟，對於師友，各有其理分，故『忠』、『孝』等觀念由此建立；但人對其他人亦有責任，此即引申儒者平治天下之懷抱。學者倘明白此種基本態度及理論，則即不致誤以為儒者言人倫是對某一社會制度之擁護。此中理論層次，稍有思考能力者皆不難辨明。世俗道聽塗說，實是個人情緒表現，不足以評論文化也」[14]。

這是因為孔子整個政治思想，原以「人」為中心，而「仁」為基礎，其落腳處必為倫理。故其首要之務，乃在切實調整人與人之間的各種關係，希望人人都以「尊重對方」之心，善盡其一己之責，其中尤以君臣父子之間的關係為基本核心。換言之，在政治活動上，如果君臣父子能各守其分，各盡其責，能「顧名思義」，則一個良好的政治秩序可以建立，一切政治理想也可以實現。所以，蕭公權才會說：「推孔子之意，殆以君臣父子苟能顧名思義，各依其社會中之名位而盡其其所應盡

之事，用其所當用之物，則秩序井然，而後百廢可舉，萬民相安。若觚不觚，則國將不國。然則正名者，誠一切政治之必須條件也」[15]。就此看來，所謂君臣父子之名分，仍不出倫理義務，主要是在強調自己的本分和義務，而不主張去爭權奪利。

甚至我們可以說，以孔子為代表的儒家政治思想主要只是願以倫理關係代替外在強制性的政治威權，希望使政治活動不擾民而讓人民之經濟、禮樂文化等生活，自然生長與自在活潑。而所謂以倫理關係代替外在強制性政治威權，並非空洞無據之詞。依孔子意，政治活動雖有階層之分，如能仿照倫理關係，居不同位之人，各盡其責、各守其分，則政治威權才得以減緩。但是以君臣父子為例，若欲各守名分，各盡職責，就要以「禮」為度，所謂「名位不同，禮亦異數」（左傳莊公十八年），即是要居禮之名為君者，在實際上應有合於君身分的行為舉止，才算真是君。由此說來，正名的循名責實不是學理上的界定名詞，而是人倫關係實際行為中的「正身」。故正身與正名，只是互為表裏，並不是截然兩事。這樣一來，身正則名亦正，名正則身也正。由正身以正名，復由正名以正身，此乃孔子所謂德治與禮治的相互關聯處。

因此，孔子政治思想，以「正名」思想來論述，仍是一種「反求諸己」的思想，是以自己道德實踐為主的思想。而這種道德意識下的責任要求並無特定對象的限制，是人倫關係中任一「角色」都要盡責的。換句話說，「正名」乃以一理想之政治標準，透過倫理責任的自許，建立君臣上下之權利義務關係。唯其如此，孔子所謂德治仁政、倫理禮治才有落實處。這樣一來，政治權力與「德德相扶」、「將心比心」比較起來，只是不得已時才使用者，此外一切應該是恭己正南面的無為而治，這是最自由的倫理政治。

再者，梁漱溟也曾說：「中國是一倫理本位底社會」，[16]這是因為，中國人相信，每一個人一生下來，便有各個與他有關係的人（如父母、兄弟、朋友等），所以人的一生實即生活在各種關係之上，此種種關係即是種種倫理。這樣一來，「每一個人對於其四面八方底倫理關係，各負有其相當義務；同時，其四面八方與他有倫理關係之人，亦各對他負有義務」[17]。進而，我們可就人的自然倫理之情而指出：「人在情感中，恆只見對方而忘了自己；反之，人在慾望中，卻只知為我而不顧到對方。前者如：慈母每為兒女而忘身；孝子亦每為其親而忘身。夫妻間、兄弟間、朋友間，凡感情厚底必處處為對方設想，念念以對方為重而把自己放得很輕」。[18]而「古人看到此點，知道孝悌第胅厚底情感要提倡。更要者，就是把社會中的人各就其關係，排定其彼此之名分地位，而指明相互間應有之情與義，要他們時時顧名思義。主持風教者，則提挈其情，即所以督責其義」。[19]於是，我們更可以清楚看到，禮治思想固然是源於對人性的尊重，可是其落實處卻在於倫理。

蓋倫理之所貴即在於尊重對方。因此，常以兒子為重的，多是好父親；常以父親為重的，多是好兒子；常以學生為重的，多是好老師；常以部屬為重的，多是好長官；……這表示，人的價值要在對象身上去反顯，亦即要以服務盡性之心去圓成自己的價值，而不要在自己本身上去追求價值。因為只在自己本身上去追求價值，勢將淪為用爭權奪利來增加自己的價值。所以，梁先生才說：「如果子女對父母說：『這是我的權力』，『你應該養活我；你要給我相當教育費』，──便大大不合中國味道。假如父母對子女說：『我應當養活你們到長大』；『我應給你們相當教育』；──這便合中國味道了。」[20]這種盡義務不爭權利的倫理親情與西方個人幸福至上的看法，自然有很大的差別。而且，這種盡

義務不爭權利的倫理親情得到發揮，人人都有一完美人格，怎麼還會有人作亂？又何必有刑法之外在制裁？屆時，必然「有恥且格」，而能實現「恭己正南面」的無為之治。德至之理想亦在此中矣。

　　正因為儒家的倫理思想，政治思想，是從規定自己對於對方所應盡的義務著眼，而非如西方式從規定自己所應得的權利著眼。所以孔子儒家相信政治關係，應該是以德相與的關係，而不是追逐權利或以權利相逼迫的關係。何況，德治之可能，原本就是源於對人性的尊重與信賴，人之仁心良知即人人共具之德性的保證。只要鼓舞推廣這種對人性的尊重與信賴，人人即能各盡其德，人人能盡其德，倫理原則就能得到發揚，自然也就能各養其生各遂其性。這才是政治的目的，也是政治活動的極致。

註釋

1 「太炎初編」,卷二,「駁建立孔教義」。

2 柳詒徵,中國文化史,上冊,十四版(台北,正中書局,民國七十二年),頁三〇〇。

3 蔡元培,中國倫理史(台北:中央文物供應社,民國六十八年),頁九。

4 梁啓超,先秦政治思想史,七版(台北:中華書局,民國六十二年),頁六七。

5 阮元:「論語論仁論」,揅經室集,四部叢刊本,三,卷八,頁一。

6 梁漱溟,東西文化及其哲學,初版(台北:虹橋書店,民國五十七年),頁一二六。

7 蕭公權,中國政治思想史,前揭書,頁五九。

8 同7,頁六二。

9 同7,頁六三。

10 梁啓超,梁啓超學術論叢(一),初版(台北:南嶽出版社,民國六十七年),頁七〇。

11 同10,頁八一。

12 同10。

13 同10。

14 勞思光,中國哲學史,初版(台北:華世出版社,民國六十四年),頁七七。

15 同8,頁五八。

16 梁漱溟,中國文化要義,台六版(台北:正中書局,民國六十二年),頁八〇。

17 同16,頁八一。

18 同16,頁八九。

19 同16，頁八九至九〇。

20 同16，頁九二。

第三章　孟　子

第一節　孟子傳略

　　孟子名軻，鄒人。「史記」記載孟子之生平事蹟云：「孟軻，鄒人也，受業子思之門人。道既通，游事齊宣王，宣王不能用。適梁，梁惠王不果所言，則見以爲迂遠而闊于事情。當是之時，秦用商君，富國強兵。楚魏用吳起，戰勝弱敵。齊威王宣王用孫子田忌之徒，而諸侯東面朝齊。天下方務於合縱連橫，以攻伐爲賢。而孟軻乃述唐虞三代之德，是以所如者不合。退而與萬章之徒，序詩書，述仲尼之意，作孟子七篇。」（孟子荀卿列傳）「史記」對孟子生卒年月略而未言，據元程復心所著「孟子年譜」，謂孟子生於周烈王四年（公元前三七二年）卒於周赧王二十六年（公元前二八九年），享壽八十四歲。至於孟子之師承，論者不一，「史記」謂孟子「受業子思之門人」，較爲可信。同時孟子又向以學孔子爲職志，故對孔子之道，拳拳服膺，並能發揚而光大之。所以韓愈謂孔子之道，「傳之孟軻」。「故欲求觀聖人之道者，必自孟子始。」

　　孟子所處之時代，正值戰國時期，孟子自己敘述其時代之情況說：

　　「聖王不作，諸侯放恣，處士橫議，楊朱墨翟之言盈天下。天下之言，不歸楊，則歸墨。楊氏為我。是無君也，墨氏兼愛，是無父也。無父無君，是禽獸也。公明儀曰：庖有肥肉，廄有肥馬，民有饑色，野有餓莩，此率獸而食人也。楊

墨之道不息，孔子之道不著。是邪説誣民，充塞仁義也。仁
義充塞，則率獸食人，人將相食。」（滕文公下）

又説：

「世衰道微，邪説暴行有作，臣弑其君者有之，子弑其父者
有之。」（同上）

由上所引，可見孟子所處之時代，其特徵是聖王不作，諸侯放
恣，爭戰不息，豪強兼併，上下交征，生民塗炭。孟子乃慨然以平治天
下，救人救世爲志。故説：

「五百年必有王者興，其間必有名世者。由周而來，七百有
餘歲矣。以其數，則過矣；以其時考之，則可矣。夫天未欲
平治天下也，爲欲平治天下，當今之世，舍我其誰也？」
（公孫丑下）

惟孟子之偉大貢獻，亦和孔子一樣，不在撥亂反治，而在學術教
育之偉大成就。所著「孟子」一書，學者對其篇數有不同之説。「史記」
以爲是七篇，劉向以爲是十一篇。趙歧對十一篇解説謂孟子「退而論集
所與高第弟子公孫丑、萬章之徒難疑答問，又自傳法度之言，著書七
篇。」又謂「又有外書四篇，性善辯，文説、孝經、爲政、其文不能宏
深，不與內篇相似，似非孟子本眞，後世依放而託也。」可見孟子一書
僅只七篇，此外四篇爲外書。

第二節　性善說

　　孟子即心言性，力倡性善說，此如他在告子篇（上）所說之：「人性之善也，猶水之就下也，人無有不善，水無有不下。」所以勞思光就說：「孔子立仁、義、禮之統，孟子則提出性善論，以補成此一學說。無性善則儒學內無所歸，故就中國之『重德』文化精神言，性善論乃此精神之最高基據」。[1]

　　何以說孟子是即心而言人性為善？此乃因孟子認為人生而皆有「惻隱」、「羞惡」、「恭敬」、「是非」四種善心，而言人生而皆有仁、義、禮、智四種善性。對這一點，孟子說過：

「惻隱之心，人皆有之。羞惡之心，人皆有之。恭敬之心，人皆有之。是非之心，人皆有之。惻隱之心，仁也。羞惡之心，義也。恭敬之心，禮也，是非之心，智也。仁義禮智非由外鑠我也，我固有之也，弗思而已矣，故曰：求則得之，舍則失之，」（孟子告子上）

「所以謂人皆有不忍人之心者，今人乍見孺子將入於井，皆有怵惕惻隱之心，非所以內交於孺子之父母也，非所以要譽於鄉黨朋友也，非惡其聲而然也。由是觀之，無惻隱之心，非人也，無羞惡之心，非人也。無辭讓之心，非人也。無是非之心，非人也。惻隱之心，仁之端也，羞惡之心，義之端也。辭讓之心，禮之端也。是非之心，智之端也。人之有此

四端也，猶其有四體也。」（孟子告子上）

這些話是孟子之認定在人的本性之中有上述之四種善心，而由這些善心之自覺，人乃有價值意識，而有道德行為。所以，孟子之即心言性，正是將德性主體確實挺立起來。其實，人在日常經驗生活中，隨時隨地都會有「應該不應該」的選擇，孟子乃以孺子將入於井為例，力言目睹者必然會發出不忍人之心，而前往施救。此舉純出乎天性使然，既無意內交於孺子之父母，而非要譽於他人，這證明人在做「應不應該」的選擇時，並不受利害考慮的束縛，而是順心而為。這就是道德心的自覺或是價值意識的自覺。因此，孟子又說：「乃若其情，則可以為善矣。」（孟子告子上）這表示，孟子之性善論，不是經由知識上曲折的論證過程所得之結果，他是直接就當下流露在具體生活中的惻隱，羞惡等德行表現，而印證到人性普遍價值的存在。

孟子又從人的耳目感官之同求滿足，而證人心要依自覺之價值而有所抉擇。他說：

「口之於味，有同嗜也。易牙先得我口之所嗜也。為使口之於味也。其性與人殊，若犬馬之與我不同類也，則天下何嗜皆從易牙之於味也？至於味，天下期於易牙，是天下之口相似也。惟耳亦然，至於聲，天下期於師曠，是天下之耳相似也。惟目亦然，至於子都天下莫不知其姣也。不知子都之姣者，無目者也。故曰，口之於味也，有同嗜焉，耳之於聲也，有同聽焉，目之於色也，有同美焉。至於心，獨無所同然乎？心之所同然者，何者？謂理也，義也。聖人先得我心之所同然耳。故禮義之悅我心，猶芻豢之悅我口。」（孟

子告子上）

　　孟子此處所說並不是在由耳目之同，而證人心之同。孟子只是在說，既然我們可知耳目之求滿足，那麼人心當也有求其滿足之道，所謂人心求滿足，即是求人之自覺於行為該當合理義，亦即以四端之心的推擴，使「理義之悅我心」，使人不限於形骸之束縛，免於純粹之逐慾求利。這也是孟子對人之所以為人的基本信念，也指出了道德存養的門路，這對後世儒者的影響極大。

　　由上可知，孟子是直就人有其惻隱不忍之情之心念流動之處，如見孺子入井等，而言性善。此外，孟子更就此心之生，可擴充為一切不忍之心，而言人性之有不可勝用之仁。所以，孟子乃即心之生，以言心性之善。此正所謂：「君子所性，仁義禮智根於心」。因此，孟子所言是要我們由吾人之心之「悅理義」，而知理義是發展吾人道德的基本目標。此亦不外欲就學者當下所自能承當者，直接點出道德目標，而視為根本之功夫。這表示孟子把一切複雜的義理與修行工夫，都合聚成一個簡易直截的工夫，以一心之發，當惻隱時自惻隱，當羞惡時自羞惡，純以不忍人之心自作主宰。因而孟子肯定人心之自覺自悟，能自然與發以自拔於物欲之上。在這種道德實踐之中，若說人世中有道德理想的天理，則因滿心而發無不合理，顯示人之本心良知與天理不一不二，是以無天理能外在於本心，而人心之自然流露，自然踐致，亦即天理所在，故天地萬物乃森然畢備於此一心內。

　　在這種性善之說提出後，每一個人都可以在自己的心上，當下認取善的根苗，而不必向外攀援。這裏不但有個人心性修養上之道德的無限性，更可將之擴充於天下國家，把天下國家當成道德實踐的對象。這

不但證明人心與人之任何活動都有密切的關係；更可以看出，由這個觀點儒家才可以說「內聖外王」是其理想。

　　此外，孟子之以孺子入於井時，人良知本心自然流露，而主張性善，明顯是說一般人即使不知道德自覺的內省過程，但只要時機適切不受欲望拘限，仍會自然與發「人之所不學而能者，其良能也；所不慮而知者，其良知也。孩提之童，無不知愛其親；及其長，無不知敬其長也。」（孟子盡心上）這種「我固有之，非外鑠我也」的本心良知。也就是說，孟子確實是在人自己心意的活動中，建立道德行為的根據。但這並不是說孟子就不知道現實人生充滿罪惡，更不是說孟子於此全然是「一廂情願」。其實，當孟子說出：「人之所以異於禽獸者，幾希。」（孟子離婁下）時，已完全正視了現實世界的罪惡與痛苦，更對人受欲望牽引之深，表達了深刻的關切。但孟子於此還要主張性善，正是把仁義之性與耳目之欲，從混淆相雜中，加以釐清，使人對道德的主宰性，責任性得以確立。孟子所說：「口之於味也，目之於色也，耳之於聲也，鼻之於臭也，四肢之於安佚也，性也，有命焉，君子不謂性也。仁之於父子也，義之於君臣也，禮之於賓主也，智之於賢者也，聖人之於天道也，命也，有性焉，君子不謂命也。」（孟子盡心下）正是說明此理。故徐復觀曾說：「古來對孟子性善說的辯難，多由不明孟子對性之內容賦予了一種新的限定，與一般人之所謂性，有所不同而來，所以這類的辯難，對孟子的原意而言，多是無意義的辯論。」[2] 所以，孟子所謂之「性」乃係指性體之實或人之本性之實而言。而孟子以仁義禮智四端為代表的人這種本性之實，乃肯定價值意識內在於自覺心這一觀點「乃指人所以與其他存在不同之性而言，亦即指 Essence」[3]。可是，這又並不表示孟子不重實際道德修養的功夫。相反的，孟子認為人與禽獸

的本質差別在於「四端」之性的有或無。因此，「四端」只是始點之
意，並非說人一生下來即是聖人，只是說人若能存養推擴良知本心，不
被外誘所惑，不使善心沉淪，即可成聖成賢，此一則說明道德善行的根
本所在，另外也凸顯了修行的重要性，所以孟子說：

> 「君子所以異於人者，以其存心也，君子以仁存心。」（孟子
> 離婁下）

> 「雖存乎人者，豈無仁義之心哉？其所以放其良心者，亦猶
> 斧斤之於木也，旦旦而伐之，可以為美乎？」（孟子告子上）

至於如何才能存養善性，孟子認為與每一個人自身後天的修養有
密切關係，此如：「人之所以異於禽獸者，幾希。庶民去之，君子存
之。」（孟子離婁下）；「求則得之，舍則失之，是求有益於得也，求
在我者也。」（孟子盡心上）

只有在存養推擴之下，「苟得其養，無物不長」（告子上）而上契
聖賢境界。對此，孟子乃說：「盡其心，知其性也。知其性則知天矣。」
（孟子盡心上）

> 「仁義禮智根於心。其生色也，粹然見於面，盎於背，施於
> 四體。」（孟子盡心上）

> 「萬物皆備於我，反身而誠，樂莫大焉。」（孟子盡心上）

> 「可欲之謂善，有諸己之謂信，充實之謂美，充實而有光輝
> 之謂大，大而化之之謂聖，聖而不可知之謂神。」（孟子盡
> 心下）

> 「所過者化，所存者神，上下與天地同流。」（孟子盡心上）

　　孟子的政治思想正是由這樣的人性論擴充而來，陳澧在東塾讀書記中說：「孟子道性善，又言擴充，性善者，人之所異於禽獸也；擴充者，人皆可以爲堯舜也，人能充無欲害人之心，而仁不可勝用也，人能充無穿踰之心，而義不可勝用也，人能充無受爾汝之實，無所往而不爲義也。……擴充之義，獨處皆是，親之敬長，達之天下，擴充也，推恩而保四海，擴充。」可見保四海之道，也是由性善推衍出來的。

第三節　仁政

　　孟子對仁政是極爲重視的，這是因爲孟子秉持其性善說，在政治活動中，自然以仁政爲根本。此如他所說之：「人皆有不忍人之心，先王有不忍人之心，斯有不忍人之政矣。以不忍人之心，行不忍人之政，治天下可運諸掌。」（公孫丑上）此不忍人之心即是仁心，「以不忍人之心，行不忍人之政。」，即是「推恩」之「仁政」。孟子對此當然極爲重視，此如：

「離婁之明，公輸子之巧，不以規矩，不能成方圓，師曠之聰，不以六律，不能正五音。堯舜之道，不以仁政，不能平治天下。今有仁心仁聞，而民不被其澤，不可法於後世者，不行先王之道也。」（孟子離婁上）
「仁者無敵。」（孟子梁惠王上）
「行仁政而王，莫之能禦也。」（孟子公孫丑上）

　　爲了達到施行仁政德治的目標，孟子特別提出「裕民生、薄稅

賦、省刑罰、止爭戰、正經界」等原則。茲分述於下：

在裕民生方面，孟子說：「無恆產而有恆心者，惟士為能。若民，則無恆產，因無恆心，苟無恆心，放僻邪侈，無不為已，及陷於罪，從而刑之，是罔民也。焉有仁人在位，罔民而可為也？是故明君制民之產，必使仰足以事父母，俯足以畜妻子，樂歲終身飽，凶年免於死亡。然後驅而之善，故民之從之也輕。」（孟子梁惠王上）

「穀與魚鱉不可勝食，材木不可勝用，是使民養生送死無憾也。養生送死無憾，王道之始也。五畝之宅，樹之以桑，五十者可以衣帛矣；雞豚狗彘之畜無失其時，七十者可以食肉矣！百畝之田，勿奪其時，數口之家可以無饑矣！……七十者衣帛食肉，黎民不饑不寒，然而不王者，未之有也！」（孟子梁惠王上）

在薄稅賦方面，孟子說：

「易其田疇，薄其稅賦，民可使富也。」（孟子盡心上）
「有布縷之征，粟米之征，力役之征。君子用其一，緩其二。用其二而民有殍，用其三，而父子離。」（孟子盡心下）
「市，廛而不征，法而不廛，則天下之商皆悅而願藏於其市矣。關，譏而不征，則天下之旅皆悅而願出其路矣。耕者助而不稅，則天下之農皆悅而願耕於其野矣。廛無夫里之布，則天下之民皆悅而願為之氓矣。信能行此五者，……則無敵於天下。」（孟子公孫丑上）

在省刑罰方面，孟子說：

「王如施仁政於民，省刑罰，薄稅斂，深耕易耨，……可使制梃以撻秦楚之堅甲利兵矣。」(孟子梁惠王上)

「明其刑政，雖大國必畏之矣。」(孟子公孫丑上)

在止爭戰方面，孟子說：

「爭地以戰，殺人盈野；爭城以戰，殺人盈城。此所以率土地而食人肉，罪不容於死。故善戰者服上刑，連諸侯者次之，辟草萊任土地者次之。」(孟子離婁上)

「今之事君者曰：『我能為君闢土地，充府庫。』今之所謂良臣，古之所謂民賊也。……『我能為君約與國，戰必克。』今之所謂良臣，古之所謂民賊也。」(孟子告子下)

「孟子曰：有人曰，我善為陳，我善為戰，大罪也。」(孟子盡心下)

而由止爭戰行仁政德治，孟子乃進而更有貴王賤霸之說，此如：

「齊宣王問曰：齊桓、晉文之事，可得聞乎？孟子對曰：仲尼之徒，無道桓文之事者，是以後世無傳焉，臣未之聞也。無已，則王乎？」(孟子梁惠王上)

「以力假仁者霸，霸必有大國。以德行仁者王，王不待大。湯以七十里，文王以百里。以力服人者，非心服也，力不贍也；以德服人者，中心悅而誠服也，如七十子之服孔子也。詩云：『自西自東，自南自北，無思不服』，此之謂也。」(孟子公孫丑上)

　　如果我們再觀諸孟子所言之「保民而王，莫之能禦也。」（孟子梁惠王上）及「老吾老以及人之老，幼吾幼以及人之幼，天下可運於掌。」（孟子梁惠王上），則可見王霸乃孟子政治思想中二種不同的政治型態，中國後來之政治哲學，皆將政治分為此二種。而孟子從仁政德治的標準，當然倡貴王政、賤霸政，此對中國後來之政治文化也有深刻的影響。

　　在政經界方面，孟子說：

「夫仁政，必自經界始。經界不正，井地不鈞，穀祿不平。是故暴君汙吏，必慢其經界。經界既正，分田制祿，可坐而定也。……請野，九一而助；國中什一使自賦。卿以下必有圭田，圭田五十畝，餘夫二十五畝。死徙無出鄉。鄉田同井，出入相友，守望相助，疾病相扶持，則百姓親睦。方里而井，井九百畝，其中為公田，八家皆私百畝，同養公田。公事畢，然後敢治私事。」（孟子滕文公上）

　　除上述所言孟子仁政四項原則之外，孟子對教化一事亦極為重視，此與孔子先富後教之意相同，此如：

「謹庠序之教，申之以孝悌之義。」（孟子梁惠王上）
「后稷教民稼穡，樹藝五穀，五穀熟而民人育。人之有道也，飽食煖衣，逸居而無教，則近於禽獸。聖人有憂之，使契為司徒，教以人倫，父子有親，君臣有義，夫婦有別，長幼有序，朋友有信。」（孟子滕文公上）

　　由上可知，孟子之所以詳論仁政養民之道，正表示仁政不是空談

的，而是要落實在增進百姓生活幸福與提昇百姓生活品質上的。因此，就政治理想而論，孔子心目中的聖人事業在於「博施濟眾」，孟子「其養民之論，尤深切詳明，爲先秦所僅見。」[4]。此蓋因：「政治目的，在提高國民人格，此儒家之最上信條也。孟子卻看定人格提高，不能離卻物質的條件，最少也要人人對於一身及家族之生活得確實保障，然後有道德可言。」[5]

第四節　民貴思想

民本是儒家政治思想中極其重要的一環，而我們可以清楚看出儒家政治思想中「民本思想」的特點；實即孔孟尊重人性的自然顯現。而這在孟子「民貴」思想中更大放異彩。

事實上，早在孟子之前，我國民本思想就已甚爲發達，民本之說屢出現在各種經籍之中，此如：

「天聰明，自我民聰明；天明畏，自我民明威。」（書經盤庚）

「前我古后，罔不惟民之承。」（書經盤庚）

「天視自我民視，天聽自我民聽。」（書經泰誓）

「民爲邦本，本固邦寧。」（書經五子之歌）

「民之所欲，天必從之。」（書經泰誓）

「民所曹好，鮮其不濟也。民所曹惡，鮮其不廢也。」（國語周語）

「國將興，聽於民，將亡，聽於神」（左傳）

　　上述所引，足以證明民本思想確實是我國政治思想的老源頭。至於為什麼民本思想在中國政治思想中占這麼重要的地位？那是因為，中國自古雖有君權神授的說法，把天命當成君權的來源保證。但是，中國人卻認為天之所以授權於某一君主，主要是以君主之道德為依據的。故古典中才有：

「惟上帝不常。」（書商書伊訓）
「天難諶，命靡常。」（書咸有一德）
「惟上帝不常，作善，降之百祥；作不善，降之百殃」（書商伊訓）
「皇天無親，惟德是輔。」（書的力）
「……若德裕；乃身不廢在王命。……告汝德之説；……敬哉；……命運不于常，汝念哉。」（書康誥）

　　由上可知，君雖係天命，可是道德乃天命之基本條件。在這個基礎之上，昊昊之天之意就落實在君之德，而君之德除了其個人修養之外，最主要的當然是論究其是否尊重百姓，於是才有民本思想的確立。如此：

「朕及篤敬，恭承民命。」（書盤庚）
「皇祖有訓，民可近，不可下，……予臨兆民，懍乎若朽索之馭六馬，為人上者，奈何不敬。」（向書五子之歌）

　　這些思想，至孟子之時乃大放異彩。蓋孟子對其當時貴君賤民風

氣大為不滿，以性善重人性之說，力排眾議，大倡「民貴君輕」之說。
此如：

> 「民為貴，社稷次之，君為輕。是故得乎丘民而為天子，得
> 乎天子為諸侯，得乎諸侯為大夫。諸侯危社稷，則變置。犧
> 牲既成，粢盛既潔，祭祀以時，然而旱乾水溢，則變置社
> 稷。」（盡心下）
> 「人有恆言，皆曰天下國家。天下之本在國，國之本在家，
> 家之本在身。」（離婁下）
> 「諸侯之寶三：土地，人民，政事。寶珠玉者，殃必及身。」
> （盡心下）
> 「齊宣王問曰：『湯放桀，武王伐紂，有諸？』孟子對曰：
> 『於傳有之。』曰：『臣弒其君可乎？』曰：『賊仁者謂之
> 賊，賊義者謂之殘，殘賊之人，謂之一夫。聞誅一夫紂矣，
> 未聞弒君也。』」（梁惠王下）

上所言，無論是「民為邦本」或「民為貴」，只是在表示人君所憑
藉的國，以及人君的本身，在中國思想正統的儒家看來，都是為民而存
在，都是以對於民的價值的表現，為各自價值的表現。可以說神、國、
君，都是政治中的虛位，而民才是實體。此一民本思想之澈上澈下，乃
形成儒家政治思想的一大特色。且無論民本與民主有何差別，亦即無論
民本思想是否全然能達到民有、民治、民享的具體目標。但是當孟子在
萬章篇上說：「天子不能以天下與人」，及在梁惠王篇上說：「聞誅一
夫紂矣」之時，已表示孔孟政治思想的目的，是在重普遍人性價值的基
礎之上，要把統治的重心轉到人民的利益。

　　由上可知，孟子之民本思想，似與現代之民主政治相去不遠。但
若細為觀察；則兩者仍有相當差別。對此，蕭公權論之甚詳。他說：

「雖然孟子民貴之說；與近代之民權思想有別；未可混同。
簡言之，民權思想必含有民享，民有，民治之三觀念。故人
民不只為政治之目的，國家之主體；必須具有自動參與國政
之權利。以此衡之，則孟子民貴，不過由民享以達於民有。
民治之原則與制度皆為其所不聞。故在孟子之思想中民意僅
能作被動之表現，治權專操於『勞心』之階級。暴君必待天
吏而後可誅。則人民除取不親上死長之消極抵抗以外；並無
以革命傾暴政之權利。凡此諸端，皆由時代環境所限制。吾
人若一考歐洲至十六七世紀猶大倡誅戮暴君之論，至十八世
紀以後民治之理論與制度始進展流行，則於西元前四世紀貴
民輕君之孟子，可無間然矣。」[6]

註釋

1 勞思光，中國哲學史，前揭書，頁九二。

2 徐復觀，「從性到心─孟子以心善言性善」，中國人性論史先秦篇，二版
（台北：台灣商務印書館，民國六十四年），頁一六八。

3 同1，頁一○○。

4 蕭公權，中國政治思想史，前揭書，頁八七。

5 梁啓超，先秦政治思想史，前揭書，頁九五。

6 同4，頁九一。

第四章　荀　子

第一節　荀子傳略

　　荀子，名況，字卿。古代典籍中亦有稱孫卿者。「史記」「孟子荀卿列傳」記述荀子生平事蹟云：

　　「荀卿趙人，年五十始來由學於齊。……田駢之屬皆已死，齊襄王時，而荀卿最為老師。齊尚修列大夫之缺，而荀卿三為祭酒焉。齊人或讒荀卿。荀卿乃適楚，而春申君以為蘭陵令。春申君死而荀卿廢，因家蘭陵。李斯嘗為弟子，已而相秦。荀卿疾濁世之政，亡國亂君相屬，不遂大道，營於巫祝，信機祥。鄙儒小拘，如莊周等，又滑稽亂俗。於是推儒墨道德之行事興壞，序列著數萬言而卒，因葬蘭陵。」

　　據「史記」所載，荀卿「年五十始來遊學於齊」，曾三為祭酒。唯五十歲以前之情況，似無片字提及。荀卿生卒年代，亦無考可，只能作大略之推斷。依推斷，荀卿大約出生在戰國末季，故除韓非外，在先秦諸子中以荀卿最為晚出。

　　荀卿生平似未擔當過重大之實際政治責任。據「史記」所載，荀卿年五十，始遊學於齊。齊尚修列大夫之缺，而三為祭酒。列大夫的爵位雖相當於大夫，但只是「不治而議」的職位，並不負擔實際政治責任，且不久遭讒去齊。荀卿雖也到過秦國趙國，但不為秦王趙王所用，故未嘗在秦國趙國擔任過政治職務。其後在楚國雖一度為蘭陵令，但視「史記」所載，其所任職務，並不能施展所學，不久春申君死，荀卿之

政治生活即從此結束。荀卿離開政治生活後，乃將其政治主張及不滿當時現實之觀點，一一著之於書。

第二節　天論

荀子所說之天，既非「主宰之天」，亦非「運命之天」，只是一種「自然之天」。在荀卿看來，天全然是不知不識，沒有意志之一種自然物體，他只是遵循一定不易之自然法則而生成消長。所以天不能有意志地降福於人，亦不會隨人之好惡，而改變其生成消長的自然法則。由是觀之，禍福出於人為，非出於天命。對此，荀子稱之為天人之分。禍福既出於人為，非出於天命，故荀子主張天命災異與政治人事無關。荀子說：

「天行有常，不為堯存，不為桀亡。應之以治則吉，應之以亂則凶。彊本而節用，則天不能貧；養備而動時，則天不能病；循道而不貳，則天不能禍。故水旱不能使之飢，寒暑不能使之疾，祅怪不能使之凶。本荒而用移，則天不能使之富；養略而動罕，則天不能使之全；倍道而妄行，則天不能使之吉。故水旱未至而飢，寒暑未薄而疾，祅怪未至而凶。受時與治世同，而殃禍與治世異，不可以怨天，其道然也。故明於天人之分，則可謂至人矣。」（天論篇）

「治亂，天邪？曰：日月星辰瑞歷是禹桀之所同也，禹以治，桀以亂，治亂非天也。時邪？曰：繁啓蕃長於春夏，畜

積收藏於秋冬，是又禹桀之所同也，禹以治，桀以亂，治亂非時也。地邪？曰：得地則生，失地則死，是又禹桀之所同也，禹以治，桀以亂，治亂非地也。」（天論篇）

荀子於此明白闡釋天之不能禍福人生與天之不足影響治亂。禹桀之際的天地四時完全相同，而一治一亂則大不相同，可見天地四時與國家治亂之間，並無因果關係。人類之一切禍福吉凶，皆由人所自取。只要能「彊本而節用」，「養備而動時」，「修道而不貳」，則縱有水旱寒暑祅怪等災難，終不能使人民飢渴而有疾凶。同理，若不能善盡人力，則縱沒有水旱寒暑祅怪等災難，人民亦必將飢渴而有疾凶。故人間一切禍福治亂的原因，皆不在天而在於人。所以說：

「天有其時，地有其財，人有其治，夫是之謂能參。舍其所以參，而願其所參，則惑矣。列星隨旋，日月遞炤，四時代御，陰陽大化，風雨博施，萬物各得其和以生，各得其養以成。……唯聖人為不求知天。」（天論篇）

在荀子心目中，「列星隨旋，日月遞炤」，皆為自然之運行，所以他要人「不求知天」，而去盡人力以自求多福。此人之所以能與天地參也。故云：「大天而思之，孰與物畜而制之？從天而頌之，孰與制天命而用之？望時而待之，孰與應時而使之？因物而多之，孰與騁能而化之？思物而物之，孰與理物而勿失之也。願於物之所以生，孰與有物之所以成？故錯人而思天，則失萬物之情。」（天論篇）

第三節　性惡說

荀子主張人性為惡，故說：「人之性惡，其善者偽也。」（性惡篇）
他對性惡有如下之說明：

> 「不可學，不可事，而在人者，謂之性；可學而能，可事而
> 成之在人者，謂之偽。」（性惡篇）

> 「生之所以然者，謂之性；性之和所生，精合感應，不事而
> 自然，謂之性。性之好惡喜怒哀樂，謂之情。情然而心為
> 之擇，謂之慮。心慮而能為之動，謂之偽；慮積焉，能習
> 焉，而後成，謂之偽。」（正名篇）

「性」是生來所固具，原是自然而然。所以是「不可學，不可
事」，亦即「生之所以然者」。「偽」乃是後天人為所養成，而非生來所
固具，所以「可學而能，可事而成」。故性與偽不同。

為什麼荀子認為人之性為惡，在於他係就人「生而有」之「生之
所以然」的性而立論的，他說：

> 「今人之性，生而有好利焉。順是故爭奪生而辭讓亡焉。生
> 而有疾惡焉。順是，故殘賊生而忠信亡焉。生而有耳目之
> 欲，有好聲色焉。順是，故淫亂生而禮義文理亡焉。然則從
> 人之性，順人之情，必出於爭奪。合於犯分亂理，而歸於
> 暴。……今之人，……縱性情，安恣睢，而違禮義，為小

人，⋯⋯故順情性，則不辭讓矣，辭讓則悖於情性矣。用此觀之，然則人之性惡明矣。」（性惡篇）

這是說人之天性，有種種生理欲求，如順著這種生理欲求做去，即「從人之性，順人之情，必出於爭奪」，而做出惡事來。可見人性本惡，這表示荀子係就人之欲望而論性。但是荀子又不願意人停留在惡行之中，而說人有改正之可能，此即其「化性起偽」說與重後天教化的原因。他說：

「故枸木必將待檃栝烝矯然後直，鈍金必將待礱厲然後利。今人之性惡，必將待師法然後正，得禮義然後治。今人無師法，則偏險而不正，無禮義，則悖亂而不治。」（性惡篇）

「其善者偽也。⋯⋯故必將有師法之化，禮儀之道，然後出於辭讓，合於文理，而歸於治。用此觀之，⋯⋯其善者偽也。⋯⋯今人之性惡，必將待師法然後正，得禮義然後治。今人無師法，則偏險而不正，無禮義，則悖亂而不治。古者聖王以人之性惡，以為偏險而不正，悖亂而不治，是以為之起禮義，制法度，以矯飾人之情性而正之，以擾化人之情性而導之也。始皆出於治合於道者也。今之人，化師法，積文學，道禮義者，為君子。⋯⋯用此觀之，⋯⋯其善者偽也。」（性惡篇）

「故聖人化性而起偽，偽起而生禮義，禮義生而制法度。然則禮義法度者，是聖人之所生也。」（性惡篇）

可見，人性雖惡，但人性可化。為了改正性惡，故聖人化性而起

偽，制作禮義法度，以矯飾人之情性而正之，以擾化人之情性而導之，於是才不致停留沉淪於惡行之中。可見善出於偽。人人肯偽，則人人皆可為善。故荀子說：「塗之人皆可以為禹。曷謂也？曰：凡禹之所以為禹者，以其為仁義法正也。然則仁義法正有可知可能之理。然而塗之人也，皆有可以知仁義法正之質，皆有可以知仁義法正之具，然則其可以為禹明矣。」（性惡篇）正因人性可化，且「塗之人皆可以為禹」，故荀子特別重視禮義教化，因而產生其禮治主義的政治思想。

第四節　禮治與尊君

荀子對禮的論述極多，此如：

「禮者，人之所以為群臣寸尺尋丈檢式也。」（儒效篇）

「禮義之謂治，非禮義之謂亂也。」（不苟篇）

「隆禮貴義者，其國治，簡禮賤義者，其國亂。」（議兵篇）

「然而不法禮，不足禮，謂之無方之民，法禮足禮，謂之有方之士。」（勸學篇）

「今之人化師法，積文學，道禮義者，為君子，縱性情，安恣睢，而違禮義者，為小人」（性惡篇）

「禮者，人道之極也。」（禮論篇）

可見，禮足以正身，足以治國，足以成事，可以說一切規範皆由禮所從出，故禮實為「人道之極」。荀子論禮，其範圍之廣，其功用之大，均可由此得知。

然則，荀子之禮究竟何自而來？荀子說：

「禮義者，聖人之所生也。」（性惡篇）

「凡禮義者，是生於聖人之偽，非故生於人之性也……聖人
積思慮，習偽故，以生禮義而起法度。」（性惡篇）

可見禮義是聖人所生，「是生於聖人之偽」，是生於後天之創立，
而非生於先天之自然。

聖人何以要創立禮義？荀子係依據其性惡說解答之：

「禮起於何也？曰：人生而有欲。欲而不得則不能無求。求
而無度量分界，則不能不爭。爭則亂，亂則窮。先王惡其亂
也，故制禮義以分之，以養人之欲，給人之求。使欲必不窮
於物，物必不屈於欲，兩者相持而長，是禮之所起也。故禮
者，養也。」（禮論篇）

「今人之性惡，必將待師法然後正，得禮義然後治。……古
者聖王以人之性惡，……是以為之起禮義，制法度，以矯飾
人之情性而正之，以擾化人之情性而導之也。……故……立
君上，明禮義，為性惡也。」（性惡篇）

蓋荀子認為「人之性惡」，且「生而有欲」，故人在尋求滿足欲望
之時，往往因「求而無度量分界，則不能不爭，爭則亂，亂則窮。」為
了制止爭亂，合理解決人之欲望問題，聖王乃為之「起禮義，制法
度」。這便是禮之起源，亦即是政治社會之起源。

從前述荀子論禮之起源，可知禮之根本精神在「分」。他強調：
「先王惡其亂也，故制禮義以分之。」由此可知，禮只有一個「分」

字。所以要「分」，只是由於人生而有欲，無分則爭。而禮之最終目的在「養」，故說：「先王……制禮義以分之，以養人之欲，給人之求，使欲必不窮乎物，物必不屈於欲」，「使人欲不作無饜之求，財物以有節而可得。量物以足欲，兩者相持而長」。可見禮之目的在養。

如何分呢？荀子認爲禮之範圍至爲廣大，無所不包。有禮義處即有所分，故分的範圍與禮同廣，且亦無所不包。荀卿說：

「君子既得其養，又好其別。曷謂別？曰貴賤有等，長幼有
差，貧富輕重皆有稱者也。」（禮論篇）
「故先王案爲之制禮義以分之，使有貴賤之等，長幼之差，
知愚能不能之分。」（榮辱篇）

可見荀子之所謂「分」，包括著一切倫常之分，社會地位之分，政治上各級官職及制度之分，以及才能之分，職業之分等。總之，凡有異可別，皆須加以分別。

由禮所定之分，如確能做到「德必稱位，位必稱祿，祿必稱用」。這時，人盡其才，物盡其用，人人因不同之分職，享不同之待遇，共同努力奮鬥，「養」之目的可達，亦足以去亂致治。故荀子對「禮」極爲所重視。

然荀子之禮治思想既以「分」爲根本精神，則誰來「分」即爲關鍵問題。推荀子之意，爲君王能「分」，此係因唯君王居高位有威權能執行「分」之任務。由此荀子乃有尊君之思想。此如：

「天子者，勢位至尊，無敵於天下。……南面而聽天下，生
民之屬莫不振動服從，以化順之。天下無隱士，無遺善，同

焉者是也，異焉者非也。」（正論篇）

「君者，國之隆也，父者，家之隆也，隆一而治，二而亂，
自古及今，未能二隆爭重而能長久者。」（致士篇）

「人君者，所以管分之樞要也。」（富國篇）

「天子也者，勢至重，……尊無上矣。」（君子篇）

由上可知，荀子倡導尊君，以君是「管分（禮）之樞要」，故「君
者，國之隆也，隆一而治，二而亂。」此實與「天無二日」，「民無二
主」之說相同。此外，在荀子看來，人之性惡，故人民一切不能自己作
主，必須仰賴君王而存在，因之，必然有「天子勢位至尊，無敵於天
下」，「同焉者是也，異焉者非也」之尊君思想矣。

第五章　墨　子

第一節　墨子傳略

墨子名翟。何國人民，難以確知。據學者考證，多以其為魯國人。「史記」無墨子傳，僅於「孟子荀卿列傳」後附記數語說：

「蓋墨翟宋之大夫，善守禦，為節用。或曰並孔子時，或曰在其後。」

在此短短二十四字中，而「蓋」與「或曰」均疑詞，表示對墨子生平事蹟及其年代尚不能肯定。後人對墨子年代有許多考證。各說中有一共同點，及均認墨子生卒於孔孟年代之間，易言之，及春秋戰國交替之間。

關於墨子一生行事，因記載闕失，所知甚少。墨子先世，或為殷之遺民，其家世無可考。墨子言行酷似宗教家，極信天鬼。墨子所講之天，不是儒家「義理之天」，也不是老子「自然之天」，而是一種「主宰之天」，這個天不但有意志，而且有感覺。天之「志」就是要人兼愛交利。凡事都應該以「天志」為標準。墨子為實踐其宗教，「獨自苦而為義」，充分表現出一種「苦行主義的精神」故說：

「必去六辟（辟、同僻，六辟、謂六情有所偏也），嘿則思，言則誨，動則事，使三者代御，必為聖人。心去喜去怒，去樂去悲，去愛去惡，而用仁義。手足口鼻耳目從事於義，必為聖人。」（貴義篇）

這正是墨子自己描寫其苦行主義的情形。莊子批評他說：

「不侈於後世，不靡於萬物，不暉於度數，以繩墨自矯，而備世之急。……其生也勤，其死也薄，其道大觳！使人憂，使人悲，其道難行也，恐其不可以為聖人之道，反天下之心，天下不堪，墨子雖能獨任，奈天下何？離於天下，其去王也遠矣！……雖然，墨子真天子之好也，將求之不可得也，雖枯槁不舍也，才士也夫！」（天下篇）

莊子雖稱墨子之苦行利他，「反天下之心，天下不堪」，然墨子卻「能獨任」，此正為墨子偉大之處，故莊子終不得不說：「墨子真天下之好也，將求之不可得也，……才士也夫！」此外，墨子一書，其書文義重複，內容駁複，恐非出於一人之手。惟「墨子」書之篇目雖繁多，其思想之骨幹則在今本「墨子」卷二至卷八，計有尚賢、尚同、兼愛、非攻、節用、節葬、天志、明鬼等八篇，研究其政治思想，亦大多不出於此諸篇之範圍。

第二節　兼愛非攻

在墨子心目中，「萬事莫貴於義」，可見「義」是其心目中之第一要務。此如他所說之：「子墨子曰：萬事莫貴於義。今謂人曰：予子冠履，而斷子之手足，子為之乎？必不為。何故？則冠履不若手足之貴也。又曰：予子天下而殺子之身；子為之乎？必不為。何故？則天下不若身之貴也。爭一言以相殺，是貴義於其身也。故曰：萬事莫貴於義

也。子墨子自魯即齊，過故人，謂子墨子曰：今天下莫爲義，子獨自苦以爲義；子不若已？子墨子曰：今有人於此，有子十人，一人耕而九人處，則食者衆而耕者寡也。今天下莫爲義，則子如勸我者也。何故止我？」（義貴篇）在天志下篇亦有：「義者正也。何以知義之爲正？天下有義則治，無義則亂。」可見，「義」就是最高標準。而墨子很明顯地指出，人類是否能安享幸福，人類的政治活動是否能上軌道，就是要以「義」爲一切行爲的標準，所以就義之言政，猶義之爲正也。然墨子所謂最高標準的「義」到底是什麼呢？我們可說就是「兼愛」二字。

爲什麼我們可以說「兼愛」是墨子心目中最高義理標準呢？這有下述兩個理由：

第一，墨子認爲天下一切禍亂罪惡，皆由於人與人之間，家與家之間，國與國之間不能兼相愛。如墨子所說：

「聖人以治天下爲事者也，不可不察亂之所自起。當察亂何自起？起不相愛。臣、子之不孝君、父，此所謂亂也。子自愛，不愛父，故虧父而自利；弟自愛，不愛兄，故虧兄而自利；臣自愛，不愛君，故虧君而自利。此所謂亂也。雖父之不慈子，兄之不慈弟，君之不慈臣，……是何也？皆起不相愛。雖至天下之爲盜賊者亦然。盜愛其室，不愛異室，故竊異室以利其室；賊愛其身，不愛人，故賊人以利其身。此何也？皆起不相愛。雖至大夫之相亂家，諸侯之相攻國者亦然。大夫各愛其家，不愛異家，故虧異家以利其家。諸侯各愛其國，故攻異國以利其國。天下之亂物，具此而已矣。察亂何自起，皆起不相愛。」（兼愛上）

「是故諸侯不相愛，則必野戰。家主不相愛，則必相篡。人
與人不相愛，則必相賊。君臣不相愛，則不惠忠。父子不相
愛，則不慈孝。兄弟不相愛，則不和調。天下之人皆不相
愛，強必執弱，富必侮貧，貴必傲賤，詐必欺愚，凡天下禍
篡怨恨，其所以起者，以不相愛生也。」（兼愛中）

第二，墨子在說明禍亂災難的起源之後，更進一步指出，想消除
禍亂災難，便要實行兼相愛之道。此如墨子所說之：

「若使天下兼相愛，愛人若愛其身，猶有不孝者乎？視父兄
與君若其身，惡施不孝？猶有不慈者乎？視子弟與臣若其
身，惡施不慈？故不孝不慈亡有。猶有盜賊乎？視人之室若
其室，誰竊？視人身若其身，誰賊？故盜賊亡有？猶有大夫
之相攻家，諸侯之相攻國者乎？視人家若其家，誰亂？視人
國若其國，誰攻？故大夫之相亂家，諸侯之相攻國者亡有。
若使天下兼相愛，國與國不相攻，家與家不相亂，盜賊無
有，君臣父子皆能孝慈，若此，則天下治，故聖人以治天下
為事者，惡得不禁惡而勸愛？故天下兼相愛則治，交相惡則
亂。故子墨子曰：不可不勸愛人者，此也。」（兼愛上）
「凡天下禍篡怨恨，其所以起者，以不相愛生也。是以仁者
非之，既以非之，何以易之？子墨子言曰：以兼相愛交相利
之法易之。」（兼愛中）

這表示人只要能兼相愛，能愛人若愛其身，則國與國不相攻，家
與家不相亂，盜賊無有，君臣父子之間一片慈愛，天下當然大治。換言

之，如果天下的人都兼相愛，把父兄國君看作如他自己一般，他還會不忠不孝嗎？把子弟臣下看作如同他自己一般，他還會不慈不愛嗎？其他如夫婦朋友皆是如此，只要把對方看作如同自己一般，一定會相愛，這種「愛人如己」正是墨子所謂「天下之大利者也」。所以，墨子自稱「兼士」，主張「兼以易別」，並譏諷儒家分親疏遠近之仁愛爲「別士」。因此墨子才說：

> 「非人者必有以易之，若非人而無以易之，……其說將必無可焉。是故墨子曰：『兼以易別』……吾本原兼之所生，天下之大利者也。本原別之所生，天下之大害者也。……以兼爲正，是以聰耳明目，相與視聽乎？是以股肱畢強，相與動宰乎？而有道肆相教誨，是以老而無妻子者，有所持養以終其壽；幼弱孤童之無父母者，有所放依以長其身。」（兼愛下）

由上可知，以兼相愛代替別相愛，是墨子所提出的「兼以易別」。所謂「兼」是墨家之專有名詞，乃指平等周徧之意。因此，兼愛乃是一種周徧之愛，所以說：「愛人，待周愛人然後爲愛。不愛人不待周不愛；不周愛，因爲不愛人矣。」（小取篇）待周愛人，乃是全體、平等、普遍而無差別的愛人，亦即所謂「愛人如己」。而所謂「別」乃是兼之反面，爲不平等不周徧之意，別愛意即指有差別之愛。此當然是指儒家而言，蓋儒家因主「親親之殺，尊賢之等」，有遠近推廣之分。墨子卻認爲這種推廣之分，正表示己我有別，一涉利害衝突時，必有爭鬥不公之事發生，此種「別相惡」、「交相賊」的悲慘情形，使墨子嘆曰：「本原別之所生，天下之大害也」。

　　然而墨子以「兼愛」爲其義理最高標準，又如何證明「兼愛」之最高準則性呢？對這個問題，墨子不是從個人良知入手；也不是假手現實政治威權，他是從宗教性的「天志」來立論的。此如：

「然則天亦何欲何惡？天欲義而惡不義。」（天志上）

「然則義果自天出也！今天下君子之欲爲義者，則不可不順天之意矣？曰：順天之意何若？曰：兼愛天下之人。」（天志下）

「天必欲人之相愛相利，而不欲人之相惡相賊也。」（法儀）

「順天意者，兼相愛，交相利，必得賞；反天意者，別相惡，交相賊，必得罰。」（天志上）

「天之意，不欲大國之攻小國也，大家之攻小家也，強之暴寡，詐之欺愚，貴之傲賤，此天之所不欲也。不只此而已。欲人之有力相營，有道相教，有財相分也。又欲上之強聽治也，下之強從事也。上強聽治，則國家治矣，下強從事，則財用足矣。……故毋唯乎順天之意，奉而光施之天下，則刑政治，萬民和，國家富，財用足，百姓皆得煖衣飽食，便寧無憂。」（天志中）

「然有所不爲天之所欲，而爲天之所不欲，則夫天亦且不爲人之所欲，而爲人之所不欲矣。人之所不欲者何也？曰：疾病禍崇也。若己不爲天之所欲而爲天之所不欲，是率天下之萬民禍崇之中也。故古者聖王明知天鬼之所福而辟天鬼之所憎，以求興天下之利，而除天下之害。……是故子墨子曰：今天下之君子中實將欲遵道利民，本察仁義之本，則天意不

可不慎也。」（天志中）

「天子唯能一同天下之義，而不尚同於天，則菑猶未去也。」
（天志中）

「反天下之意，得天下之罰者，誰也？曰：若昔者三代暴
王，桀紂、幽厲是也。」（天志中）

「順天之意，得天之賞者，誰也？若昔者三代聖王，堯舜、
禹、湯、文、武者是也。」（天志中）

可見，「天志」才是「兼愛」的根據，並非如儒家係以個人良知
道德爲仁愛之根據，因爲人法天順天行兼愛之時，即能得天之賞。否
則，背天逆天不行兼愛，則必遭天之罰。這樣一來，人怎麼能不兼愛，
墨子之言兼愛也就是很自然的事了。

墨子既然主張兼愛，對於戰國時代列國篡殺攻伐之事，當然持反
對立場，而有「非攻」之說。此如他所說之：

「今有一人，入人園圃，竊其桃李，眾聞則非之，上為政
者，得則罰之。此何也？以其虧人自利也。至攘人犬豕雞
豚，其不義又甚入人園圃竊桃李。是何故也？以虧人愈多，
其不義茲甚，罪益厚。至入人欄廄，取人馬牛者，其不仁義
又甚攘人犬豕雞豚，此何故也？以其虧人愈多；苟虧人愈
多，其不仁茲甚，罪益厚。至殺不辜人也，拖其衣裘，取戈
劍者，其不義又甚入人欄廄，取人牛馬，此何故也？以其虧
人愈多，苟虧人愈多，其不仁茲甚矣，罪益厚。當此天下之
君子，皆知而非之，謂之不義。今至大為攻國則弗知非，從
而譽而謂之義，此可謂知義不義之別乎？殺一人者謂之不

義，必有一死罪矣。若以此說往，殺十人十重不義，必有十死罪矣；殺百人百重不義，必有百死罪矣。當此天下之君、子皆知而非之，謂之不義。今至大為攻國，則弗知非，從而譽之，謂之義，情不知其不義也，故書其言，以遺後世，若知其不義也，夫奚說書其不義以遺後世哉？今有人於此，少見黑曰黑，多見黑曰白，則以此人不知黑白之辯矣。……今小為非，則知而非之，大為非攻國，則不知非，從而譽之，謂之義，此可謂之義與不義之辯乎？是以知天下之君子，辯義與不義之亂也。」（非攻上）

這表示戰爭攻伐之事，是不仁不義，不合乎兼愛之道的。而即使有人不願聽此理，放棄戰爭，墨子另外也再指出戰爭一事對任何一方皆不利。墨子說：

「今師徒唯毋興起；冬行恐寒，夏行恐暑，此不可以冬夏為者也；春則廢民耕稼樹藝，秋其廢民穫斂，今唯毋廢一時，則百姓飢寒凍餒而死者，不可勝數。今嘗計軍上，竹箭羽旄幄幕，甲盾撥劫，往而靡弊，腑冷不反者，不可勝數。又與矛戟戈劍乘車，其往則折弊必而不反者，不可勝數。與其牛馬肥而往，脊而反，往死亡而不反者，不可勝數。與其除道之修遠糧食輟絕而不繼，百姓死者，不可勝數也。與其居處之不安，食飯之不時，飢飽之不節，百姓之道疾病而死者，不可勝數。喪師多不可勝數，喪師盡不勝計；則是鬼神之喪其主后，亦不可勝數。國家發政，奪民之用，廢民之利，若此甚眾；然而何為為之？曰我貪伐勝之名及得之利故為

之。」（非攻中）

「計其所自勝，無所可用也，計其所得，反不如所喪者之
多。今攻三里之城，七里之郭，攻此不用銳。且無殺，而徒
得此然也；然其實殺人多必數於萬，寡必數於千，然後三里
之城，七里之郭，且可得也。今萬乘之國，虛數於千，不勝
而入；廣衍數於萬，不勝而辟，然則土地者，所餘也，士民
者所不足也。今盡士民之死，嚴上下之患，以爭虛城，則是
棄所不足而重所有餘也。為政若此，非國之務者也。」（非
攻中）

「夫兼國覆軍，賊虐萬民，以亂聖人之緒，亦將以為利天
乎？夫取天之人以供天之邑，此刺殺天民，剝振神之位，傾
覆社稷，攘殺犧牲，則此上不中天之利矣。意將以為利鬼
乎？夫殺之人，滅鬼神之主，廢滅先王，賊虐萬民，百姓離
散，則此中不中鬼之利矣。亦將以為利人乎？夫殺之人為利
人也薄也。又計其費，此為害生之本，竭天下百姓之才不可
勝數也。則此下不中人之利矣。」（非攻下）

可見侵略他國自以為有利，其實是得不償失，且更不合乎天之利
與鬼神之利。此理一明，當然不必輕啓戰端了。

墨子對於攻奪之戰雖極力反對，然對於自衛之戰卻認為正當，並
準備為具體之行動。墨子不僅主張自衛，而且主張聯合自衛。此如墨子
所言之：

「今若有能信效（交），先利天下諸侯者，大國之不義也，則
同憂之，大國之攻小國也，則同救之，小國城郭之不全也，

必使修之；有粟之絕，則委之；幣帛不足，則共之。以此效
（交）大國，則小國之君說（悅）。人勞我逸，則我甲兵強，
寬以惠，緩易急，民必移。易攻伐以治我國，攻（功）必
倍。量我師舉之費，以爭諸侯之斃，則必可得而序（厚）利
焉。督以正，義其名，必務寬吾眾，信吾師，以此授（援）
諸侯之師，則天下無敵矣。其為（利天）下不可勝數也。」
（非攻下）

　　本段誤字煩多，經孫詒讓校正，如括弧內所示，其意旨自顯明。
蓋謂今世若有能以足資信賴態度交結諸國，則諸國皆可蒙其利者，例
如，鑑於大國之多行不義，則深同關切，若遇大國攻擊小國，則合力救
之。見小國城郭不全，必勸其修理；見其衣料糧食竭乏，則周濟之；見
其財貨不足，則供應之。如能以此待遇各國，則各國之君定然歡喜。各
國如能守望相助，則人勞我逸，我之甲兵加強；再能寬厚以愛民，以緩
和代替緊張，則民定然歸服。且合力自保，可消泯戰禍於無形，轉移此
實力以治國，定然事半功倍，又若移我實際作戰之經費，以助諸國中之
貧乏無力者，也定然可得厚利。於是推行正道，以義昭示天下，努力寬
待人民，堅定士兵信心，再有援助諸國的軍隊，那就可無敵於天下了。

第三節　尚同節用

　　墨子提出尚同思想的目的，在於實踐兼愛。這是因為墨子認為人
之性是受慾望所左右的，多利則喜，多害則惡，而他又不能像儒家從人

的良知著眼，要人從道德實踐超拔於慾望之上，只好寄望能設立一種萬姓行動的標準，使個人化除自私，歸心於天下之公利，體現兼愛。可見，尚同仍是環繞著兼愛這個中心思想而立論的。

　　墨子自信其言尚同是合乎人性與事實需要的，這一點，可以從他論政治組織之起源說起，墨子特別強調：

> 「古者民始生，未有刑政之時，蓋其語之義異，是以一人則一義，二人則二義，十人則十義。其人茲眾，則其所謂義者亦茲眾，是以人是其義，以非人之義，故交相非也。是以內者父子兄弟作怨惡，離散不能相和合。天下之百姓，皆以水火毒藥相虧害。至有餘力不能以相勞，腐朽餘財不以相分，隱匿良道不以相教，天下之亂若禽獸然。」（尚同上）
> 「夫明乎天下之所以亂者生於無政長。是故選（擇）天下之賢可者置立之以為三公。天子三公既已立，以天下為博大，遠土異國之民，是非利害之辨，不可一二而明知。故畫分萬國，立諸侯國君，諸侯國君既已立，以其力為未足，又選擇其國之賢可者置立之以為正長」（尚同上）

　　按墨子之意，以為原始社會由於無君長統制管束，人各執己意，以相鬥爭，久而久之，乃產生「亂極生治」之心理，於是乃選立天下之賢能者為天子，建立政治機構，行使統治權力，以統治萬民。倘吾人站在比較研究之立場觀之，墨子此說與英哲霍布斯（Thomas Hobbes 1588-1679）之自然社會說甚相似。霍氏在《巨靈》一書中曾謂：「在此一時代中，無一使人們皆有所畏懼之普遍權力，彼等乃生存於一被稱為戰爭之狀態中；其此種戰爭，乃是各人相對抗、彼此互相為敵人，……人們

除自身力量與自己發明外，更無其他安全之保障。在此情形下，無工業，乃因利益無法確保，且因此地球上無文化……而其中最壞者，乃是繼續之恐懼，以及暴死之危險；且人們之生命係孤立、貧困、齷齪、殘忍而短促。」惟霍氏係依人之利害衝突著眼，以爲人皆自私，由於利害之不同而常起衝突，故必須通過「契約」之相互限制以建立國家。而墨子則以「一人則一義，十人則十義」解說未有刑政之時之混亂，此乃以統一之是非觀點爲標準。兩說之著重點大同之中有小異，吾人需仔細分辨之。

　　尙同既有事實上的需要，那麼人該如何實踐尙同呢?墨子主張尙同，其方法步驟乃在於取法乎上，由一里一家始以上達於天子止，「里長者，里之仁人也。里長發政里之百姓言曰，聞善而不喜，必以告其鄉長，鄉長之所是，必皆是之，鄉長之所非，必先非之。去若不善言，學鄉長之善言。去若不善行，學鄉長之善行。則鄉何說以亂哉。察鄉之所以治者何也。鄉長唯能壹同鄉之義，是以鄉治也。鄉長者，鄉之仁人也，鄉長發政鄉之百姓，言曰，聞善而不善者，必以告國君。國君之所是，必亦是之。國君之所非，必皆非之。去若不善言。學國君之善言。去若不善行。學國君之善行，則國何說以亂哉。察國之所以治者，何也。國君唯能壹同國之義，是以治國也。國君者國之仁人也。國君發政國之百姓。言曰，聞善而不善。必以告天子。天子之所是，皆是之。天子之所非。皆非之。去若不善言，學天子之善言。去若不善行，學天子之善行。則天下何說以亂哉。察天下之所以治者何也。天子唯能壹同天下之義。是以天下治也。」(尙同上)。

　　由以上所引述可悉尙同之方法。乃是層層尙同，而尙同之內容乃在於必須以上之是非爲是非，倘若聞見善或不善，則必須告知上一級之

政長，平常則當學習上之善言善行，「然而欲同一天下之義奈何可？……然胡不嘗試用求君發憲布令其家，曰：若見愛利家者必以告，若見惡賊家者必以告。若見愛利家以告，亦猶愛利家者也；上得且賞之，眾聞則譽之。若見惡賊家不以告，亦猶惡賊家者也；上得且罰之，眾聞則非也。是以偏若家之人，皆欲得其長上之賞譽，避其毀罰，是以善，言之，不善，言之；家君則善人而賞之，得暴人而罰之。善人之賞，而暴人之罰，則家必治矣。然計若家之所以治者何也？唯以尚同一義爲政故也。……故又使家君總其家之義，以尚同於國君。……故又使國君選其國之義，以尚同於天子。……天子得善人而賞之，得暴人而罰之，善人賞而暴人罰，天下必治矣。然計天下之所以治者何也？惟以尚同一義爲政故也。天下既已治，天子又總天下之義。以尚同於天。……」（尚同下）在下者既欲同於上，而在上者又惟以兼相愛交相利爲令，如此則天下之人，必皆都兼相愛不可。

類似這種的話，墨子說過很多，此如：

「正長既已具。天子發政於天下之百姓，言曰；聞善而（與也）不善，皆以告其上，上之所是必皆是之，所非，必皆非之，上有過則規諫之，下有善則傍（訪）薦之，上同而下不比者，此上之所賞，而下之所譽也。意若聞善而不善，不以告其上，上之所是弗能是，上之所非弗能非，上有過弗規諫，下有善弗傍（訪）薦，下比不能上同者，此上之所罰，而百姓所毀也。」（尚同上）

「天子諸侯之君——民之正長——既已立矣，天子為發政，施教，曰：凡聞，見善者必以告其上，聞，見不善者亦必以

告其上；上之所是，亦必是之，上之所非，亦必非之；己有
善，傍薦之，上有故，規諫之，上同義其上，而毋有下比之
心。上得則賞之，萬民聞則譽之。意若，聞，見善不以告其
上，聞，見不善不以告其上；上之所是，不能是，上之所
非，不能非；己有善，不能傍薦之，上有過，不能規諫之，
下比而非其上者。上得則誅罰之，萬民聞則非毀之。」（尚
同中）

可見，這種「上同而不下比」確實是墨子規劃的爲政之道。由此
更有政治制度的建立，這就是：

「是故里長順天子政，而一同其里之義，里長既同其里之
義，率其里之萬民，以尚同乎鄉長，曰：凡里之萬民皆尚同
乎鄉長，而不敢下比，鄉長之所是，必亦是之，鄉長之所
非，必亦非之。去而不善言，學鄉長之善言，去而不善行，
學鄉長之善行。鄉長固鄉之賢也。舉鄉人以法鄉長，夫鄉而
何說而不治哉？察鄉長之所以治鄉者，何故之以也？曰：唯
以其能一同其鄉之義，是以鄉治。鄉長治其鄉，而鄉既已治
矣，有率其鄉之萬民以尚同乎國君。曰：凡鄉之萬民，皆上
同乎國君而不敢下比，國君之所是，必亦是之，國君之所
非，必亦非之。去而不善言，學國君之善言，去而不善行，
學國君之善行。國君固國之賢者也，舉國人以法國君，夫國
何說而不治哉？察國君之所以治國而國治者，何故之以也？
曰：凡國之萬民，尚同乎天子而不敢下比，天子之所是，必
亦是之，天子之所非，必亦非之。去而不善言，學天子之善

言，去而不善行，學天子之善行。天子者，固天下之仁人
也，舉天下之萬民以法天子，夫天下而何說而不治哉？察天
子之所以治天下者，何故之以也？曰：唯以其能一同天下之
義，是以天下治。」（尚同中）

綜合墨子之意，此一政治組織就人事方面而言，最高者是天子，
三公乃是天子之輔佐者，其次是諸侯國君，將軍大夫是諸侯之輔佐者；
再次是鄉長，再次便是里長。就地域方面言，由於天下過於廣大，於是
分設許多國家，又分設許多鄉里，集合之乃成為整個天下。墨子完整之
政治組織，乃是由其縱之人事系統配合橫之地域區分所構成。國家因其
備此一完整之組織以推廣政事，於是乎將可臻於治平之域。

墨子這種「上之所是，必皆是之，上之所非，必皆非之」的「尚
同而不下比」的思想，引起後人不少議論，甚至有學者把墨子當成專制
集權者。但是這種評論未必是公允的。固為墨子所說的尚同必須落實於
他的尚賢，而所謂賢不賢，墨子是有確定的標準的，他的標準就是兼
愛。如果萬民尚同的對象是行兼愛的賢者，又豈有專權不仁之可能？再
者，墨子雖說天子一同天下之義，而天下治，但天子並非其尚同之最高
標準，他更指出：「天下既已治，天子又總天下之義，以尚同於天」這
表示「天志」才是尚同的最終標準。而天志的內容是什麼呢？還是兼愛
二字，於是尚同於天志的天子，又豈會專制集權行暴政呢？

在此，我們願說明一下墨子尚賢思想的重要性。墨子所主張之兼
愛尚同，如何始能見諸實施，則尚賢實為最主要之關鍵。蓋兼愛乃墨子
至高之政治理想，此理想之實現，必有待賢人之領導推動，自不待言。
再就尚同言之，由天子一同天下之義，國君一同國之義，鄉長一同鄉之

義，里長一同里之義。則里長當然須爲「里之賢者」，鄉長須爲「鄉之賢者」，國君須爲「國之賢者」，天子權威最大，則天子更必須待選擇「天下之仁人」來充任。這就是墨子提倡賢人政治之基本原因。其次，墨子主張尚賢，還有現實政治的原因。即在「非」當時王公大人之習用親戚、故舊、容色姣好者，而不能開格錄用賢良。此如：

「今王公大人有一衣裳不能制也，必藉良工；有一牛羊不能殺也，必藉良宰。故當若之二物者，至公大人本（原文爲未字誤）知以尚賢，使能爲政也。逮至其國家之亂，社稷之危，則不知使能以治之。親戚則使之，無故富貴，面目佼（同姣）好則使之。夫無故富貴，面目姣好則使，豈必智且有慧哉？若使之治國家，則此使不智慧者治國家也。國家之亂，既可得而知已。」（尚賢中）

「何以知尚賢之爲政本也？曰：自貴且智者爲政乎愚且賤者則治，自愚且賤者爲政乎貴且智者則亂，是以知尚賢之爲政本也。」（尚賢中）

政治由貴且智之賢能者領導，天下必得治；反之，政治由愚且賤之非賢能者領導，則天下必得亂，此爲墨子主張尚賢之「爲政本」的根本理由。

至於如何才能使賢能在位，墨子亦有不少要點的說明，如此：

「故古者聖王之爲政，列德而尚賢，雖在農與工肆之人，有能則舉之。……以德就列，以官服事，以勞殿賞，量功分祿。故官無常貴，民無終賤；有能則舉之，無能則下之。」

（尚賢上）

墨子主張之尚賢使能，在打破一切父兄、富貴、顏色等身分，而以德能作任使之唯一標準，此對當時之貴族世襲，和私人政冶，皆為一種革命主張。而「官無常貴，民無終賤，有能則舉之，無能則下」，更是墨子尚賢使能之大平等精神。此如：

「故古者聖王，其尊尚賢而任使能，不黨父兄，不偏富貴，不嬖顏色；賢者舉而上之，富而貴之，不肖者抑而廢之，貧而賤之，以為徒役。是以民皆勸其賞，畏其罪，相率而為賢。者（作是）以賢者眾，而不肖者寡；此為進賢。然後聖人聽其言、迹其行、察其所能，而慎予官。此謂事（同使）能。」（尚賢中）

墨子既然主張兼愛，當然希望天下人都能生活幸福。因此，在物用不足之時，他特別強調節用。在其提倡節用之原則時，連帶主張非樂與節葬，亦各有專篇詳述其理由。茲摘述有關節用之內容以明之：

「聖人為政一國，一國可倍也；大之為政天下，天下可倍也。其倍之，非外取地也，因其國家去其無用之費，足以倍之。聖王為政，其發令興事，便民用財也，無不加用而為者。是故用財不費，民德不勞；其興利多矣……」（節用上）
「是故古者聖王，制為節用之法，曰；凡天下群百工。輪車鞼鞄，陶冶梓匠，使各從事其所能，曰：凡足以奉給民用則止，諸加費，不加于民利者，聖王弗為。古者聖王制為飲食之法，曰：足以充虛繼氣，強股肱，耳目聰明則止，不極五

味之調，芳香之和，不致遠國珍怪異物……俛仰周旋威儀之禮。聖王弗為……」（節用中）

「故先民以時生財；固本而用財，制財足。故雖上世之聖王，豈能使五穀豐收。而旱水不至哉！然而無凍餓之民者，何也？其力時急，而自養儉也。故夏書曰：禹七年水。殷書曰：湯五年旱；此其離凶餓甚矣。然而民不凍餓者何也？其生財密，其用之節也。故倉無備粟，不可以待凶飢。」（七患）

本段說明節用可供儲蓄，以應不時之需要；可實現兼愛天下的直接成效。墨子為補充其節用之效，還提倡非樂與節葬二事其說如下。

關於非樂者：

「子墨子曰：仁之事者，必務求興天下之利，除天下之害，將以為法乎天下，利人乎即為，不利人乎即止。且夫仁者之為天下度也，非為其目之所美，耳之所樂，口之所甘，身體之所安，以此虧奪民衣食之財，仁者弗為也。是故子墨子之所以非樂者，非以大鐘鳴鼓琴瑟竽笙之聲，以為不樂也；非以刻鏤華文章之色，以為不美也；非以犓豢煎炙之味。以為不甘也；非以高台厚榭邃野之居，以為不安也。雖身知其安也，口知其甘也，目知其美也，耳知其樂也。然上考之，不中聖王之事；下度之，不中萬民之利，是故子墨子曰：為樂非也。」（非樂上）

關於節葬者：

「故古聖王制為葬埋之法，曰：棺三寸，足以朽體；衣衾三領，足以覆惡；以及其葬也，下毋及泉，上毋通臭；壟若參耕之畝，則止矣。死則既已葬矣。生者必無久哭；而疾而從事。人為其所能，以交相利也。此聖王之法也。今王公大人之為葬埋，則異於此……然則埋葬之有節矣。故衣食者，人之生利也；然且猶尚有節；葬埋者人之死利也，夫獨無節於此乎?子墨子制為葬埋之法，曰：棺三寸，足以朽骨；衣三領，足以朽肉；掘地之深，下無菹漏，氣無發洩於上，壟足以期其所。則止矣。哭往哭來，反從事乎衣食之財，佴乎祭祀，以致孝於親。故曰：子墨子之法，不失死生之利者，此也。故子墨子言曰：今天下之士君子，中請將欲為仁義，求為上士；上欲中聖王之道；下欲中國家百姓之利；故當若節喪之為政，而不可不察此者也。」（節葬下）

由這兩段可知，墨子確實是一個苦行的實用主義者，他一生的理想都以行兼愛為目標，至於一般生活享受或藝文活動都是可以省略的。這也難怪莊子要批評他「反天下之心，天下不堪」，而墨學的沒落也與此有關了。

第六章　老　子

第一節　老子傳略

　　老子，道家之大宗師。老子究爲何許人？何時人？乃至是否確有老子其人？縱有其人，是否即爲撰寫道德經之作者？這些問題都聚訟紛紜，莫衷一是。老子之生平難於確考，可從史記老子列傳略知端倪：

「老子者，楚苦縣厲鄉曲仁里人也。姓李氏名耳，字伯陽，諡曰聃，周守藏室之史也。孔子適周，將問禮於老子，老子曰：子所言者，其人與骨皆已朽矣，獨其言在耳。且君子得其時則駕；不得其時蓬累而行。吾聞之，良賈深藏若虛，君子盛德容貌若愚，去子之驕氣與多欲，態色與淫志，是皆無益於子之身。吾所以告子，若是而已。孔子去，謂弟子曰：鳥，吾知其能飛；魚，吾知其能游；獸，吾知其能走。走者可以為罔；游者可以為綸；飛者可以為矰。至於龍，吾不能知其乘風雲而上天。吾今日見老子，其猶龍邪。老子修道德，其學以自隱無名為務。居周久之，見周之衰，迺遂去致關，關令尹喜曰：子將隱矣，彊為我著書。於是老子迺著書上下篇，言道德之意五千餘言而去，莫知其所終。或曰：老萊子，亦楚人也，著書十五篇，言道家之用，與孔子同時云。蓋老子百有六十餘歲，或言二百餘歲，以其修道而養壽也。自孔子死之後，百二十九年，而史記周太史儋見秦獻公曰：始秦與周合而離，離五百歲而復合，合七十歲而霸王出

焉。或曰：儋即老子；或曰：非也。世莫知其然否？老子，
隱君子也，老子之子名宗，宗為魏將，封於段干；宗子注；
注子宮；宮玄孫假，假仕於漢孝文帝；而假之子解為膠西王
卬太傅，因家於齊焉。世之學老子者，則絀儒學；儒學亦絀
老子。道不同不相為謀，豈謂是耶？李耳無為自化，清靜自
正。」（史記老莊申韓列傳）

此傳出自太史家司馬遷之手，原應可信無疑，惟頗茲疑問者甚
多，遂引起學者對老子其人之聚訟，甚至有謂無老子其人者。據學者通
說，老子乃楚國苦縣人。其先世或為宋人，老子或為亡殷遺民，徙居苦
縣。姓李，名耳，諡聃，一說聃為其字。其出生年代，亦難詳考。史稱
其嘗為周守藏室史，殆猶今之國立圖書館長。

老子一書，又名道德經，五千言。此書究為何人所作？何時作
成？迄今仍難定案。折衷各方意見，略可謂老子一書，恐非一人一時，
乃幾經薈集補綴而成；此說較為可信。而綜觀老子一書之時代問題，亦
認為此書非一時之作，其淵源甚古，流傳甚久，幾經後人之補充而成。
然不論是書究為何人何時所作，其能代表先秦時期無為主義一派之政治
思想，應無可疑。

第二節　自然無為

「自然無為」可說是老子一書中的中心觀念。

而「自然」一詞，在道德經中，共使用五次，分別是：

「太上，下知有之……，悠兮其貴言，功成事遂，百姓皆謂
我自然。」(十七章)

此章的「我」應是指為政者而言，即為政者因「貴重其言，不貴
輕易出口」[1]，便能使政事井然，人民雖知有政府之存在，卻感受不到
任何威權的壓力。何以「行不言之教」有這種結果呢？蓋為政者連言都
不肯輕易出口，當然更是不用私智，而有順乎大道的表現。蓋如果在位
者之行事純任百姓之所需，而隨處成就，其本人卻係「端兆，不可得而
見也，其意趣不可得而覩也。」[2]，則人民就可以在自在環境中幸福生
活。故自然是形容為政者之從政方式，是形容為政者之「無為」也。

「常言自然。故飄風不終朝，驟雨不終日，孰為此者？天
地。天地尚不能久，何況於人乎？」(二十三章)

呂吉甫說此章為：「聽之不聞名曰希，言而知其所以言，則言出
于不言，而聽之不聞矣，故曰希言。希言者，以道言也，故曰自然。飄
風驟雨，成之暴戾，非出于常然也，故雖天地為之，尚不能終朝終日之
久，人之言不出於自然，則多而數窮，宜矣。」[3]這表示道之表現是自
然而然。亦可說：「就是由于道是一自然，是則萬物所得自于道的德，
亦是一自然，故為政者，僅是『處無為之事，行不言之教』，順物之自
然，輔助萬物之自生自長，自在自得，而不敢有為，此之謂希言自
然。」[4]因此這裡的「自然」是相對於「言」的「有為」，是形容為政者
之和同於道的體現。

「道生之，德畜之，物形之，勢成之，是以萬物莫不尊道而
貴德。道之尊，德之貴，夫莫之命而自然。」(五十一章)

這是指「道」之生發萬物並非有心之為，只是自然而然的表現。故李息齋說：「物非道不生，非德不畜。自其有形以至于勢長，莫不以道德為主。道之尊，德之貴，至于此極矣。然不自尊其尊，不自貴其貴。其施于物，非有心于物也，莫之命常自然。自然而生，自然而畜。」[5]明憨山也說：「觀其（道、德）成物之功。故知其道無位而尊，無名而貴，所以如此尊貴者，乃道體之自然，又非有以命之者，故曰莫之命而常自然。」[6]此處之「自然」與「為」相對，當然意指「無為」。

> 「……是以聖人欲不欲，不貴難得之貨；學不學。復眾人之所過。以輔萬物之自然，而不敢為。」（六十四章）

不敢為，應是不敢有為之意。老子在政治上主張無欲、無為，因無欲，所以不貴難得之貨。學不學之「不學」，就是指「為道日損」。普通的學，都在求知識的增加，求私智的表現，老子則反對逞個人的私智，主張無智，而後在修養上損減人的習氣，以臻修道之功。聖人之所以無知、無欲、無為，實在是因為深知個人之私智、私欲、有為，皆不能與無為之功相比；倒不如順乎大道，不逞私智、私欲，而能功成事遂。故本章所謂之「以輔萬物之自然而不敢為」與五十一章的「夫莫之命而常自然」，其意相同。都是指隨順萬物之特性去自然發展，絲毫不加干擾或扭曲。為政者如此即是以「無為」治民，能順百姓之「自然」而使天下得治。

以上所說，並無太大問題，真正有爭議的是第二十五章之：「有物混成；先天地生……，強字之曰道，強為之名曰大……，故道大，天大，地大，王亦大。域中有四大，而王居其一焉，人法地，地法天，

天法道，道法自然。」因爲從這句話的字面上看去，「道」似乎居於「自然」之下，而失去最高理序之地位。

王弼注老子二十五章時說：「法，謂法則也。人不違地，乃得全安，法地也。地不違天，乃得全載，法天也。天不違道，乃得全覆，法道也。道不違自然，乃得其性，法自然者，在方而法方，在圓而法圓；于自然無所違也。」[7]可見，「人法地，地法天，天法道」中之「地、天、道」是名詞，是指學習效法的對象。而「道法自然」中之「自然」是形容詞，是形容道之本性之詞。故王弼謂「道不違自然，乃得其性。」河上公則說：「道性自然，無所法也。」[8]曹道沖說：「道無可法，自然而已。」[9]呂吉甫說：「道則自本自根，未有天地，自古以固存，而以無法爲法者也。無法也者，自然而已。」[10]近人唐君毅亦說：「老子謂道法自然，蓋言道只是自己如此之謂，此『自然』亦實只是道相。」[11]因此，此自然之根本義，要當在人之修道至于安與久者，達于自在、自如、自然心境，表現於外者，就是眞誠與外物相待，而能曲成萬物各種之價值。此即王弼所說之：「在方而法方，在圓而法圓」，也就是「在方即如其爲方而任之，亦即于物無所主焉。」這表示，「道法自然」並不意指有一實有之「自然」爲道所效法，而只是說道之展現是透過「自然」、「無爲」、「不主」的方式。不自然即非道也，蓋自然者乃道之本性也。對此，若作深入的辯析，亦可釋爲：本章描述形上的道是混成體，「先天地生」，「不知其名」，因此只得「強字之曰道，強爲之名曰大」；如果說「自然」還在此混成的「道」之先，之上，爲「道」所效法，這是不可思議的，此其一。「故道大，天大，地大，王亦大。」如果「自然」眞的還在「道」之先、之上，何以不稱「自然」爲「大」呢？此其二。「王亦大」的「亦」字有深意，因此特以「域中有四大，

而王居其一焉」加以闡述；而道、天、地、王等，其「四大」已具足，「自然」無與焉，此其三。既然將「道」「強名之曰大」，又說「道大、天大、地大、王亦大」，可見天、地、王之所以「大」，完全是秉承「道」之「大」而來，「自然」何有？此其四。本章說「人法地，地法天，天法道，道法自然」，而第十六章說「……知常容，容乃公，公乃全，全乃天，天乃道，道乃久」，兩相比照，則「自然」一詞顯然是狀詞，而非名詞；亦即在「道」之先、之上，並非有一具體存在的「自然」，只是形容「本來如此」、「自己如此」的狀態而已。此章的「自然」仍是指稱「道」的「無爲」特質而言。[12]因此牟宗三乃說：「道家講的自然就是自由自在，自己如此，就是無所依靠，精神獨立。」[13]這種自然而然無所主焉的道體運行或人生態度，落實在政治上，就是老子所謂的「無爲」。所以牟宗三又說：「講無爲就函著講自然。」因此，「無爲」與「自然」是互爲表裏的[14]。這一點，是我們在討論老子所謂「自然無爲」的政治主張時，首先要掌握的要點。不必再爲「道法自然」這一句話，而引起誤會。

老子的政治思想主要針對周文疲弊這個特殊機緣而發，因此老子認爲如果政治領袖能以道的自然無爲特性，作爲施政的基本原則，就會消除各種災難紛亂。就這個出發點而言，老子「自然無爲」的政治主張又可分兩點來論述：

（一）不擾民

所謂「不擾民」就是「減少政府之作用，收縮政事之範圍，以至於最低最小之限度。」[15]對此，老子曾說：

「我無為而民自化」（五十七章）

「道常無為而無不為，侯王若能守之，萬物將自化。」（三十七章）

「以輔萬物之自然，而不敢為。」（六十四章）

「功成事遂，百姓皆謂我自然。」（十七章）

「聖人處無為之事，行不言之教。」（第二章）

　　蓋從道之運行而言，道者「衣養萬物，而不爲主」（三十四章），表示其非有心生化萬物，只是因物付物，順其自然而已。君王若能體道，就能不生嗜欲以亂其心，不多作爲以亂其事，自守於無爲。因物以成物，隨物以成物，萬物安有不化者。各得其生，各遂其性，災害不生，禍亂不作，山川鬼神咸寧，鳥獸魚鱉咸若，此皆是萬物自化之驗也。這也就是說，君主之施政應該順乎天而應乎人，因其時而勤其事，不能自以爲是的要事事替百姓決定，更不須事事替人民處理。其實任一君王都只具備有限之心力，以有限之心力來決定百姓生活上的每一細節，豈能眞正達成其「任務」。退一步說，即使君主能安排決定百姓之各項需求，他之決定也並不一定適合人民之需求。所以君王事事有爲，往往只是徒增百姓之困擾。老子乃說：「無爲故無敗，無執故無失」（六十四章）既知如此，欲其無失無敗，倒不如不執己私，順從民意，讓百姓自適其性，各盡其好。故老子的政治主張，首先即揭「不擾民」之宗旨。此亦老子何以要說：

「治大國若烹小鮮。」（六十章）

　　何謂治大國若烹小鮮？韓非子曾曰：「事大眾而數搖之，則少成

功。藏大器而數徙之，則多敗傷，烹小鮮而數撓之則賊其澤，治大國而數變法則民苦之，是以有道之君貴靜而不重變法，故曰治大國者若烹小鮮。」蘇子由則說：「烹小鮮者不可撓，治大國者不可煩，煩則人勞，撓則魚爛，聖人無爲，使人各安其自然，外無所煩，內無所畏，則物莫能侵，雖鬼神無用其神矣。」此即言，治國者不可以有爲，有爲則不自然，不自然則不可輔萬物；更不可好煩其令，使百姓困擾，只有如烹小鮮之不亂撓動才是爲政之要。

因此，老子又說：

「取天下常以無事，及其有事，不足以取天下。」（四十八章）

「以無事取天下……我無爲而民自化，我無事而民自富，我好靜而民自正，我無欲而民自樸。」（五十七章）

老子在道德經四十八章言「取天下」者，是接於其言「損之又損，以至於無爲」之後，故所謂「取天下」與一般人所謂之取而欲得天下不同。蓋依老子所見，古之善取天下者，亦是損之又損，不勞民力，不耗民財，不重刑罰，不專法令，惟知以無事之治，取天下入於無爲之化。河上公則曰：「取，治也。治天下當以无事，不當煩勞也。」[16]又說：「我說無徭役徵召之事，民安其業，故皆自富。」[17]這表示，君王不可存逞能之心，以多做事來炫耀自己的能力，也不可爲表現自己關愛百姓而有意多施德政，這些只會造成國事日繁，政令擾民的苦果，以爲人民求富爲例，君王反不如省去百姓之徭役徵召，讓人民自安其業來得有效。

正因爲如此，老子對於以戰功爲榮的君主，是大表反對的，他

說：

「兵者，不祥之器，非君子之器，不得已而用之，恬淡為
上，勝而不美。而美之者，是樂殺人。夫樂殺人者，則不可
得至於天下矣。」（三十一章）

「天下有道，卻走馬以糞。天下無道，戎馬生於郊。」（四十
六章）

「以道佐人者，不以兵強天下。其事好還。師之所處，荊棘
生焉，大兵之後，必有凶年。」（三十章）

「夫佳兵者，不祥之器。物或惡之，故有道者不處。」（三十
一章）

蓋戰爭不但造成民眾死傷，更使田地荒蕪，農業荒廢，所以師之
所處，荊棘未有不生也，甚而造成瘟疫流行，饑饉困頓，盜匪叢生的凶
年。因此，君王萬萬不能以兵為美，而樂於用兵。否則國危民亂，必有
災難之生。故曰佳兵不祥。何況，凡是以戰勝為美者，必存取勝之心，
以殺人為樂也。既以殺人為樂，即是強施己意於他人，且不許他人不
從，人之不從，則以殺之為樂，此正可以拿法西斯、共黨為代表，其等
「改造世界」、「進行革命」、「實現理想」都是在此一藉口之下，行
「殺人有理」之實，而眾生即慘遭其害矣。故老子才嘆曰：「夫樂殺人
者，不可得志於天下。」此處之「樂殺人」是舉例言，若不樂殺人，即
是尊重生命，尊重外物與他人之價值，真誠關愛之，而不去干擾，故老
子才有：「恬淡為上」之稱。

（二）無為而無不為的曲成萬物

老子除了對周文疲弊而提出不擾民的政治主張外，更提出「無爲而無不爲」的政治智慧，希望能積極的曲成萬物的價值。

所謂「無爲」即是「不擾民」而順任自然，可是爲什麼老子偏又要說「無爲而無不爲」呢？或者我們可以問，爲什麼以「無爲」爲本，卻又能「無不爲」呢？

這是因爲老子認爲聖人施政應該大公無私，才能與天下之人合其德，合其心。而欲達大公無私之境界，要能不自見、不自是、不自伐、不自衿。蓋聖人不自見者，因物而見物，因事而見事，才能窮其義理之精微，究其興亡之徵應，是謂眞見，其見故明。聖人不自是者，因物之是而是之，因事之是而是之，因理之是而是之，其是之所以然者，合於道、合於德、合於天、合於人，雖鬼神不能移，雖聖人不能改，故曰，不自是故彰。聖人不自伐其功者，乃是其不衒一己之才，而歸功於天下，天下乃未有不歸功於聖人者也。聖人不拘長短之跡，不生計較之心，不傲然自足，不儼然自尊，故能含容天下，長之功未嘗不在於天下，故曰不自矜故長。這裡所說，無不表示，君王唯其能少私不欲，自敝不新，不自見、不自是、不自矜、不自伐，就能「抱一以爲天下式」，而眞正圓滿婉轉成就天下國家每一人物之價值，使大家都能安享和平中之進步發展。於是，老子才說：「曲則全，枉則直，窪則盈，敝則新，少則得，多則惑；是以聖人抱一爲天下式。……古之所謂曲則全者，豈虛言哉，誠全而歸之。」（二十二章）蓋聖人（理想的政治家）所以能得全、直、盈、新，就在於其能居於曲、枉、窪、敝。可見，老子所謂之「曲則全者」，既不是盲目被動的曲己從眾，也不是迂迴陰謀

的權術，而是消除自我中心的思念與執著，當下直接與天下萬事萬物（人）相合為一，真誠的感通含攝在一起，才能婉轉而恰到好處的曲成萬物。

這樣一來，老子乃說：「道常無為而無不為，侯王若能守之，萬物將自化。化而欲作，吾將鎮之以無名之樸。無名之樸，夫亦將無欲。不欲以靜，天下將自定。」（三十七章）對此，蔣錫昌說得甚是，他說：「無為者，言其因；無不為者，言其果。」，[18] 牟宗三亦曾疏解三十七章為：「侯王若能守此『道』，萬物將自化。『將自化者』，即『無不為』也。『不欲，以靜，天下將自定』，『將自定』者，亦『無不為』之者也。將自定自化，推之，亦可言將自生自成，是則定也、化也、生也、成也，皆落於萬事萬物之自身說。」[19] 所謂「落於萬事萬物之自身說」即是尊重每一物之價值，不強加任何價值信念於他人。這在政治活動中，特別強調要除去人為的欲競之心，才能使政治活動真正能滿足人性之要求。所以王弼注釋老子所說之「聖人處無為之事」時，說：「自然已足，為則敗也。」[20] 而老子對此，更有：「功成不名有，衣養萬物而不為主。常無欲，可名于小，萬物歸焉而不為主，可名為大。以其終不自為大。故能成其大。」（三十四章）其中，王弼有一句很好的註解，此即：「故天下常無欲之時，萬物各得其所，若道無施於物，故名於小矣。」[21] 這種順任自然，無所宰制的政治，就是無為之治；而這種無為才能圓滿曲成萬物，故其無為能無不為也。所以，老子有言：

「民之難治，以其上之有為，是以難治。」（七十五章）
「為無為，則無不治。」（三章）
「天地相合，以降甘露，民莫之令而自均。」（七十五章）

　　蓋天地相合，則甘露不求而自降，我守其眞性，則民不令而自均。這表示，君王施政之無爲，不是無所事事，乃是爲而無爭，爲而不有之意。即是因百姓之自爲而爲之，但未嘗用自己的意志去爲。此才有「爲無爲，則無不治」之可能也。

　　蓋「有爲」若係指爲政者之強作主張，逞私妄爲，自然有肆意干涉之「人禍」出現，這時人人在苛政的蹂躪迫害之下，生命財產毫無保障，爭鬥之心特別激烈，乃有人人爲敵，處處要鬥的交相迫害情事。此唯有爲政者去除剛性自是的心態，以「輔萬物自然而不敢爲」的方式來施政化民，方可使人人各遂其生，免於恐懼憂患，使政治社會充滿祥和氣息，上下才能相安無事，而政治活動才無「難治」之嘆。徐復觀對此亦說：「聖人對百姓而無爲，絕不等於對百姓的不關切，所以依然要『輔』百姓之所不足。『輔』即是救助的救。但聖人的救百姓，只是因百姓之德以成其德，而不須以作爲去代替百姓之德。……即因其德之所明而明之，而不代替他樹立標準，安置才能，始可人各安其德，各得其所了。」[22] 所以，爲無爲在具體的形式上就是不以己意爲標準，而強施於人。此亦老子所說：

　　「以身觀身，以家觀家，以國觀國，以天下觀天下，吾何以知天下哉，以此。」（五十四章）

　　「聖人無常心，以百姓心爲心。……聖人在天下歙歙，爲天下渾其心，聖人皆孩子。」（四十九章）

　　此即指聖人施政以曲成百姓之需要爲唯一標準，沒有聖人自以爲是的標準。這樣才能「打通自我與百姓間的通路」，否則「統治者作威作福以壓迫百姓，常假口於他是賞善罰惡。」[23] 可是如果這個善惡標準

只是出自統治者的剛性自是價值觀，百姓就會在統治者自認「正確、英明」的「賞善罰惡」下，受盡被迫害之苦。古今多少暴政，其所以為「暴」就在此理，而秦始皇、希特勒、史達林、一切暴君之流之為禍人間，亦可於此而論其是非，所謂人與政治組織間的緊張矛盾關係，亦多出於此理未明矣。吾人若回顧王弼所說：「是以聖人之于天下歙歙者，心無所主也，為天下渾心焉，竟無所適莫也。無所察焉，百姓何避，無所求焉，百姓何應。無避無應，則莫不用其情矣。人無為舍其所能，而為其所不能；舍其所長，而為其所短。如此，則言者言其所知，行者行其所能，百姓各皆注其耳目焉，吾皆孩之而已。」[24]對老子的政治智慧真是充滿了佩服之心。蓋在這種情況之下，百姓不但自適其性，安然無憂，且絲毫感受不到政治活動的迫害。老子乃說：「太上，下知有之。」（十七章）王弼即注曰：「大人在上，居無為之事，行不言之教，萬物作焉而不為始，故下知有之而已。」[25]於是，人不懼怕政治組織之迫害，政治組織也不會故意與人對立，政治組織中的各級負責人，若能以平等自在心關照萬物，必能以大功無偏之心曲成萬物，於是蒼生各得其生，各遂其性，天下相安無事矣。這一點，方是老子論無為與無為而無不為之真義。

第三節　見素抱樸

　　對老子的「見素抱樸」的政治主張，我們可以分兩點來論述：

一、絕聖棄智

針對周文疲弊的緣故，老子發現當時的所謂仁、義、禮、智、賢、能，都是虛偽造作，不合人性的不自然物，所以，老子乃說：

「大道廢，有仁義；慧智出，有大偽；六親不合，有孝慈；國家昏亂，有忠臣。」（十八章）

此是言，大道無為無名，各循自然行其當行而不自知，更不必知，故上下相安於無事，朝野共樂於雍熙之化。若不依此道治化天下，而思有所治化，則必以私智出以各種名目，行有為之治。此時，一則君王個人之私智只是一偏，無法達到無物不明的境界，二則以智生黠，天下之人從此離淳喪樸，就偽失真，「精明」之人多有，假仁假義之事多見，其奈天下何。因此老子更說：

「上德不德，是以有德；下德不失德，是以無德：上德無為而無以為，下德為之而有以為。上仁為之而無以為，上義為之而有以為，上禮為之而莫之應，則攘臂而扔之。故失道而後德，失德而後仁，失仁而後義，失義而後禮。夫禮者，忠信之薄而亂之首。」（三十八章）

王弼釋此為：「上德之人，唯道是用，不德其德，無執無用，故能有德而無不為。不求而得、不為而成，故雖有德而無德之名也。下德求而得之，為而成之，則立善以治物，故德有名焉。求而得之，必有失焉；為而成之，必有敗焉。善名生則有不善應焉。故下德為之而有以為

也。無以爲者，無所偏爲也。凡不能無爲而爲之者，皆下德也，仁義禮節是也。……本在無爲，母在無名。棄本捨母，而適其子，功雖大焉，必有不濟，名雖美焉，僞亦必生。……萬物雖貴，以無爲用，不能捨無以爲體也。捨無以爲體，則失其爲大矣，所謂夫道而後德也。用無爲用，則得其母，故能己不勞焉而物無不理。下此以往，則失用之母。不能無爲，而貴博施；不能博施，而貴正直，不能正直，而貴飾敬。所謂失德而後仁，失仁而後義，失義而後禮也。……夫仁義發於內，爲之猶僞，況務外飾可而久乎？故夫禮者，忠信之薄而亂之首也。」[26] 這表示，以有爲之心，存心已有一定德目內容之仁、義、禮求救治某一種偏失，則偏失尙未得治，有一定內容之德目本身已激起另一偏失矣。

老子第五章又說：「天地不仁，以萬物爲芻狗；聖人不仁，以百姓爲芻狗。天地之間，其猶橐籥乎，虛而不屈，動而愈出；多言數窮，不如守中。」這使少數人又誤會老子主張「不仁」之說，要以萬物百姓爲芻狗者。其實所謂以萬物百姓爲芻狗，譬如春夏之間、萬物繁榮；秋冬之間、萬物凋敝；物雖有盛衰之變，天地則行所固然。所謂以百姓爲芻狗者，謂聖人之於百姓，亦猶天地之於萬物，輔其自然而不忘不助，使養生送死無憾，不知「帝力於我何有哉？」如此解釋，與下文天地之間，其猶橐籥乎的語意，亦正相合。蓋此章是發揮天地無心而成化，故曰：「多言數窮，不如守中。」因此，按之實際，「仁」自當訓爲「親」，「不仁」與第七十九章之「無親」通，猶言無所私阿。故天地之生化萬物無私心，聖人之澤及百姓亦不知其仁，這種「不仁」才是眞正的「仁」。如果「必造立施化，有恩有爲」，[27] 才算是「仁」，那麼就會「愛民，害民之始也；爲義偃兵，造兵之本也。」唐君毅曾評這種治化天下的作法爲：「皆不免于向外求有功，而皆未能實得道而有德」[28] 既

向外求，就有人己之對立，而有私我之念，故所謂禮爲亂之首，即「由于老子視禮，乃連于人之自矜、自持、自是、自見之心之故。人原有此自矜、自持、自是、自見之心，而在人有禮尚之來往施報之時，又可不見于外。唯當禮之『應』不足，則此心即暴露而出……即暴露而出，即又可轉出求勝人之心，及予人相爭之事，以導天下大亂」。[29]而此亦皆爲不識老子之求與外物善處，而有怡然自適發展本性的妙義，蓋凡與人本性相違之虛僞造作物，無論是現實政治之權威或律法，甚或假仁義美名之德範，皆不爲人所接受，反會滋生亂端。所以，老子總結其言爲：

「絕聖棄智，民利百倍。絕仁棄義，民復孝慈。絕巧棄利，盜賊無有。……見素抱樸，少私寡欲。」（十九章）

而在上述這麼一種解說之下，我們可以發現，老子所謂「絕聖棄智」、「絕仁棄義」只是要絕棄虛僞造作的仁義聖名，而要吾人復歸依循內心之眞誠與萬物相通之德，並非說人可以不遵仁義聖德也。因此，若只從字面上看就說老子好像是否定聖、智、仁、義、學，這樣了解是不公平的。這樣了解，顯得道家太大膽了。否定聖智仁義豈不是大惡？這眞是異端了，但這樣了解是不公平的。而事實上，老子只是要棄絕那些沒有道化的仁義，沒有以最好方式體現之的仁義。王邦雄說：「（老子）棄絕仁義，並不是本質的否定，而是作用的保存，不是否定道德踐履的價值，而是開拓道德的形上根源，來保住聖智仁義的可能。」[30]

總之，老子所棄絕之仁義，是指那些假仁義之名以行權謀之實的僞仁假義，只是那些戕賊他人的工具，這種仁義棄之又何足惜。此正是王夫之所說之：「應在一而違在萬，恩在一隅而怨在三隅，倒授天下以柄，而及制其身……以仁授天下而天下溺，以義濟天下而天下陷。」[31]

這種仁義豈不早棄早好？而老子就此處點明仁義之眞義，對現實政治豈
不更有積極貢獻？又何能以不仁、不義誣諸老子？

二、無私無知

除了上述所說棄聖絕智之眞正意涵外，老子基本上是認定君王好
逞私智，好逞私欲，才是造成一切弊害的原因。而仁義聖德也是在這兩
個緣故下被扭曲糟蹋的。此可再分述於下：

第一，以君王好逞私智來說，老子就有：

「以智治國，國之賊；不以智治國，國之福。」（六十五章）

蓋治國者萬萬不可恃妄作聰明之邪智，不可依一己矯僞偏執之私
智，否則不但擾之於民，更亂之於政，而成爲國之賊也。王弼就說：
「以智術動民，邪心既動，復以巧術防民之僞，民知其術，隨防而避
之，思維密巧，奸僞益茲，故曰：『以智治國，國之賊也』。」[32] 這就
是說，爲政者若以私智治民，人民自然不能安於純樸，而多滋生邪僞虛
假；當社會出現邪僞虛假風氣之時，爲政者別無他途，只好運用更奇巧
權謀去防治，可是人民又可因應在位者之奇巧權謀，想出其他詭道以規
避之。如此一來，越演越烈，奸僞益多，又如何能使國治民安？此亦即
王弼在注老子第十八章之「慧智出，有大僞。」時，要說：「行術用
明，以察姦僞，去覩形見，物知避之，故智慧出而大僞生也。」[33] 因
此，老子又說：

「常使民無知無欲，使夫智者不敢爲也。」（三章）

「古之善爲道者，非以明民，將以愚之。民之難治，以其智多。故以智治國，國之賊。」（六十五章）

對老子這些言論，常被後人誤爲是一種愚民政策。可是依我們仔細研究，老子這些話是對爲政者而言的，換言之，其立言對象是爲政者。所以，如果我們對照第七十五章的「民之難治，以其上之有爲，是以難治」來看，則六十五章「以其智多」乃是指在位者之「有爲」而言，這種「有爲」又是以私智，自我中心爲出發點，故才有「以智治國，國之賊。」的後果。只要明白老子立言的對象及用心，就可去除把老子當成愚民論者的誤解。

其次，所謂的「愚」是一個喻示之詞，不可將之與一般人所用之「愚笨」二字相混。蓋老子因自知「道」之難以形容，故才說「善爲道者……將以愚之」。這表示「愚」是形容一種境界之詞，因爲這種境界根本不能用知性語言形容，老子乃用「正言若反」的遮詮方式，用類似若遺，頑似鄙，被褐懷玉，昏昏悶悶，如嬰兒之未孩等詞語來表達一種與常人小知小慧不同的「無知」的樣態，這正是四十一章「明道若昧」的意思。又怎能因此一「愚」字而誤會老子？

同時，我們再細觀道德經第三章，其謂：「是以聖人之治，虛其心，實其腹，弱其志，強其骨，常使民無知無欲，使夫智者不敢爲也，爲無爲，則無不治。」只是在論究民之爭乃因可欲而爭，民之盜乃因可欲而盜，民之亂乃因見欲而亂。故聖人之自治與治民，必使之心靈虛靜明照，不受物之繫限——虛其心；而能神清氣足，養道深積德厚，心中才能感通天地含攝萬有——實其腹；再加上有虛下守辱的修養功夫，去除自恃自衿的自是慾念，自然神清氣和與萬物無爭——弱其志；最後在

因能於自己身上痛下求道任德的修養功夫，能不斷的順其自然，終於有成──強其骨。夫如是，則無世辯私智之「知」，均能返璞還淳，同入無為之化，天下共享幸福安樂，天下豈有不治之理？所以此章一開始所說之「不尚賢，使民不爭」，就不是愚民之說，而是要在位者不以計謀權智而妄自尊大，否則天下之人必亦將聰明狡詐飾之於上，上下相爭天下未有不亂也。為聖人（在位者）以道術內養，不求無爭，去人我分別之心，才能弭爭先之禍根，此自然無爭，這時老子無為政治之理想才能全然顯現矣。

　　因此，古之聖人（理想政治家）治民，不教民以私智花巧，只求其真誠無妄，故「行險之事，不敢妄作，僥倖之為，不敢妄為，此便是愚也。」[34]。可是這又豈是一般人所謂之「愚民」？試想僵化的仁義聖智，老子猶且病之，又豈有以陰謀權術為本的愚民之術？同理，類似「絕聖棄智」這些話，也只表示任天下者，不可沽聖賢之名，行一己之私。要能不自知其聖，聖之名才久，不自恃其智，智之用才大。正如孔子之不敢自居於聖，舜之與人為善，禹之聞善則拜，皆是絕聖棄智之妙。這也不可以「反智」一詞相誣的，老子反而由強調智的內轉，要求君王收斂己私，隨順眾生，明白百姓之心合天理之正則為善，溺人欲之私則為惡，聖人皆能無人我之分，無偏常之執，在施政之際，自然無為，盡百姓之性如同盡己性一般。這種治民之法，即是「光而不耀」。（五十八章）於是「用其光，復歸其明，無遺身殃，是為習常。」（五十二章）所以老子才說：

　「其政悶悶，其民淳淳；其政察察，其民缺缺。」（五十八章）

　　為政者若能去除意、必、固、我之心，其施政能安民順民，一若無任何作為，卻能使人民樸厚篤實，盡己所為；可是如果為政者「立刑名，明賞罰，以檢姦偽」[35]，用知以察察為明，人民則狡猾奸詐，國家就難以治理了。因此為政者不但要自己「無智」，也要大家一起進入「無智」的玄同境界，這種共沐「無智」的價值期許，那有「愚民」或「反智」之可能？此亦即徐復觀所說之：「老子自己以愚人為理想的生活境界。當然也以此為人民的理想生活境界。他的愚民，正是把修之于自身的德，推之於民；這正是他視人民如自己，決沒有半絲半毫輕視人民的意思。」[36]於是：老子更有：

　　「愛民治國，能無智乎，……明百通達，能無為乎？」（十章）

　　因此，我人可以說，老子始終認為人民的所以壞，都是因為受了統治者的壞影響。人民的智多，也是受了統治者的壞影響[37]。可見，君王用智治國，以剛性價值自處，是一切弊病的根源。王弼在注道德經十九章之「絕聖棄智，民利百倍，絕仁棄義，民復孝慈；絕巧棄利，盜賊無有。」時，就說：「夫聖智，才之傑也；仁義，行之大者也；巧利，用之善也。本苟不存，而興此之美，害猶如之，況術之有利，斯以忽素樸乎！」[38]。這表示自然樸素，才是為人處世或施政治民之大本，而這與前述之「絕聖棄智」事實上也是相通的，老子於此只是多方取喻說明而已。蓋既知「無私無知」之真義，當然就能體善老子說「絕聖棄智」之苦心矣。一個人若能去除自私、自是、自我中心的缺失，能以真誠與萬有相感應、相含攝，當然就能聖而不知聖名，聖而不求聖名，其智才是真正的大智、大慧。此間義理，可以王弼所說之：「既知不聖為不

聖，未知聖之爲不聖也，既知不仁爲不仁，未知仁之爲不仁也。故絕聖
而後聖功全，棄仁而後仁德厚。夫惡強非欲不強也，爲強則失強也，絕
仁非欲不仁也，爲仁則僞成也。有其治而乃亂，保其安而乃危。」[39]。

第二，就君王好逞私慾來說，老子認爲在位者多欲則必然多事，
天下也就禍亂叢生矣。此如：

「民之饑，所其上食稅之多，是以饑，民之難治，以其上之
有爲，是以難治。民之輕死，以其上求生之厚，是以輕
死。」（七十五章）。

「朝甚除、田甚蕪、倉甚虛、服文采，帶利劍、厭飲食，貨
財有餘，是謂盜夸。」（五十三章）。

「是以聖人欲不欲、不貴難得之貨。」（六十四章）。

「不貴難得之貨，使民不爲盜；不見可欲，使民心不亂。」
（三章）。

對此，蕭公權說：「蓋（君王）個人之私心，亦爲亂政之一大原
因。爭奪奢侈之行，苟煩紛擾之政，均可由之以起，故消除私意，乃可
復於自然之無爲。」[40]這即是說，君王多欲，不但人民生活將痛苦不
堪；更可能彼此以欲相求、將外界當成滿足慾望的工具，而使人之生命
分裂對立、喪失感通相攝的真誠一體感，則人心將陷溺沉淪而無可救
矣。王弼亦嘆曰：「貴貨過用、貪者競趣，穿窬探篋，沒命而盜。」[41]
所以，只有爲政的君王無欲，百姓才會反歸安守淳樸篤實，只要百姓篤
厚自適，不存競逐爭勝之心、歸復於道之靜定，天下才能真正的太平無
事。而老子就是爲了要達到這個目的，爲了「要使人回歸到自己的德上
面去，便要有一種克服『知』與『欲』的工夫。」[42]老子本人才會說：

「我無欲而民自樸。」（五十七章）。

「不欲以靜，天下將自定。」（三十七章）。

　　就此而言，老子論政所攻擊者，只是有爲之擾民政治，「故就理論上言，老子所攻擊者非政治之本身，而爲不合乎『道德』標準之政。」[43]而所謂合於「道德」之標準，應即是「見素抱樸」四字。在這個標準之下，老子心目中的理想國乃是：

> 「小國寡民、使有什伯之器而不用，使民重死而不遠徙。雖有舟輿，無所乘之；雖有甲兵、無所陣之；使人復歸結繩而用之。甘其食，美其服，安其居，樂其俗。鄰國相望，雞犬之聲相聞，老死不相往來。」（八十章）。

　　有人會說，這個理想國是老子的幻想，而也有人崇信此理想，茲不必以此論斷老子政治思想之得失。我們寧可說，老子所提示小國寡民之理想國，是其見素抱樸政治主張的象徵，而代表對其當時列國政局之統治權力的氾濫，與功利社會之物質文明的爛熟所作的抗議[44]。這種抗議，千古以來，仍是對從政者的一個強有力的棒喝。由此我們也可看出，老子的目的在於要在位者放下執著、自是、剛愎自用的生活態度。要在位者信服取法與物相融的價值，以輔萬物之自然，給百姓一個大自在的生活環境，使人民「甘其食，美其服，安其居，樂其俗。」，這時鄰國相望、和睦相處，民至老死亦未嘗感受過政治權威的緊張壓力。這個理想國正是其後莊子所稱之：「至德之世、不尚賢，不使能，上如標枝、民如野鹿。端正而不知以爲義，相愛而不知以爲仁，實而不知以爲忠，當而不知以爲信。」

註解

1 焦竑，老子翼（台北：廣文書局，民國五十一年），卷二，頁一八。

2 老子王弼注校釋，樓烈宇校釋（台北：華正書局，民國七十年），頁四一。

3 同1，頁三八至三九。

4 王邦雄，「老子哲學的形上結構及其政治人生的價值歸趨」，鵝湖雜誌四十期，頁四六。

5 同1，卷五，頁三。

6 憨山大師，老子道德經憨山解（台北：台灣瑠璃經房，民國六十一年），下篇，頁一一二。

7 同2，頁六五。

8 鄭成海，老子同上公注疏證，初版（台北：華正書局，民國六十七年），頁一八二。

9 嚴靈峰輯，老子宋注叢殘，初版（台北：台灣學生書局，民國六十八年），頁一六。

10 同1，卷三，頁三。

11 唐君毅，中國哲學原論原道篇，初版（香港：新亞書院，民國六十二年）頁三二五至三二六。

12 蔡明田，老子的政治思想，初版（台北：藝文印書館，民國六十五年），頁一○九。

13 牟宗三，中國哲學十九講，初版（台北：台灣學生書局，民國七十二年），頁九。

14 同13。

15 蕭公權，中國政治思想史，前揭書，頁十七。

16 同8，頁三二四。

17 同8，頁三八七。

18 蔣錫昌，老子校詁，初版（台北：明倫出版社，民國六十二年），頁三○三。

19 同13，頁一六一。

20 同2，頁六。

21 同2，頁六八。

22 徐復觀，中國人性論史先秦篇，二版（台北：商務印書館，民國六十四年），頁三五五。

23 同22，頁三五四。

24 同2，頁一三。

25 同2，頁四○。

26 同2，頁九三至九五。

27 同2，頁一九九。

28 同11，頁三三九。

29 同11，頁三三○。

30 同4，第三十九期，頁二九。

31 王夫之，老子衍，初版（台北：河洛圖書出版社，民國六十四年），頁一五至一六。

32 同2，頁一六八。

33 同2，頁四三。

34 宋常星，道德經講義，初版（台灣：自由出版社，民國四十七年），頁二四○。

35 同2，頁一五二。

36 同22，頁三五三。

37 同22。

38 同2，頁一九九。

39 同 38 。

40 同 15 ，頁一七一。

41 同 2 ，頁八〇。

42 同 22 ，頁三四一。

43 同 15 ，頁一七二。

44 同 4 ，頁二三。

第七章　莊　子

第一節　莊子傳略

　　莊子乃老子後道家另一巨擘。關於其姓名、籍貫、時代，據史記莊子列傳載稱：

　　「莊子者，蒙人也，名周，周嘗為漆園吏。與梁惠王齊宣王同時。」

　　據此可知莊周乃蒙人，蒙在今河南商附近，戰國時期屬宋，故學者咸認莊周爲宋人。史記稱其與梁惠王、齊宣王同時，則當在戰國前期，約與孟子同時。莊周嘗爲漆園吏是爲一小吏，而其生平所志，係洸洋自恣以適己，近似隱居以求其志者。此如：

　　「楚威王聞莊周賢，使使厚幣迎之，許以為相。莊周笑謂使者曰：千金、重利也；卿相，尊位也。子獨不見郊祭之犧牛乎？養食之數歲，衣以文繡，以入太廟，當是之時，雖欲為孤豚，豈可得乎？子亟去，毋污我，我寧游戲污瀆之中以自快，無為有國者所羈，終身不仕，以快吾焉。」（史記莊周列傳）

　　「惠子相梁，莊子往見之。或謂惠子曰：莊子來，欲代子相。於是惠子恐，搜於國中三日三夜。莊子往見之，曰：南方有鳥，其名為鵷鶵，子知之乎？夫鵷鶵發於南海而飛於北海，非梧桐不止，非練實不食，非醴泉不飲。於是鴟得腐

鼠，鵷鶵過之，仰視之，曰：嚇！今子欲以子之梁國而嚇我耶？」（莊子秋水篇）

至於莊子之書，據史記載稱：

「其學無所不闚，然其要本歸於老子之言。故其著書十餘萬言，大抵率寓言也，作漁父盜跖胠篋，以詆訛孔子之徒，以明老子之術，畏累虛亢桑子之屬，皆空語，無事實。然善屬書離辭，指事類情，用剽剝儒墨，雖當世宿學，不能自解免也。其言洸洋自恣以適己，故自王公大人不能器之。」（史記莊周列傳）

按史記稱莊子著書十餘萬言。漢書藝文志錄莊子五十二篇，列道家。今本莊子僅存卅二篇，計內篇七、外篇十五、雜篇十一。學者多認為內篇確係出於莊子自撰；外篇、雜篇則駁雜不純，多係莊徒或後學闡述莊子之作品，不出於莊子手筆。

第二節　達情遂命

莊子承老子法天道自然之義，不僅以清靜無為為旨，更求自然逍遙，寓平等於齊物，棄世無累，外越生死，和以天倪，與道大適，以應化不盡之心，達物我為一之境，契入放任在宥境界。由此足以看出，莊子之思想以人生意境及藝術精神為重，初非以現實政治活動為念。今且就與政治思想有關者析述於下：

　　欲明莊子之政治思想，先要論其所謂之個人自處之道，而其個人自處之理想境界，即所謂達情遂命而已。我們亦可說，莊子整個思想可以說都是在追求達情遂命與在宥逍遙。此是因爲莊子之思想根本中心即在反世俗之繫累與欲念之拘限，而要返本性之眞，求取生命純眞自適與個性之自然成長，故才要提倡達情遂命，以實現逍遙自在的理想目的。所以，莊子乃說：

　　「無以人滅天，無以故滅命，無以得殉名。謹守而勿失，是謂反其眞。」（秋水）
　　「喪己於物，失性於俗者，謂之倒置之民。」（繕性）
　　「物物而不物於物，則胡可得而累耶？」（山木）

　　莊子認爲人若要超出世俗繫累與欲念拘限，則可從棄世入手，此如：

　　「夫欲免爲形者，莫如棄世。棄世則無累，無累則正平，正平則與彼更生，更生則幾矣。」（達生）
　　「忘足，履之適也；忘要，帶之適也；知忘是非，心之適也；不內變，不外從，事會之適也。始乎適，而未嘗不適者，忘適之適也」（達生）

　　因此，莊子屢屢以嘲笑世人之追求權位或擔負什麼現實仁義責任，來表示其不願承擔任何繫累，以求逍遙的心願。對此，他乃說：

　　「客曰：孔氏者，何治也？子路未應，子貢對曰：孔氏者，性服忠信，身行仁義，飾禮樂，選人倫，上以忠於世主，下

以化於齊民，將以利天下，此孔氏之所治也，又問曰：有土之君與？子貢曰：非也。侯王之佑與？子貢曰：非也。客乃笑而還，行言曰：仁則仁矣，恐不免其身，苦心勞形，以危其真。嗚呼遠哉，其分於道也。」（漁父）

「夫豐狐文豹，棲於山林，伏於巖行，靜也；夜行晝居，戒也。雖飢渴隱約，猶且胥疏於江湖之上而求食也。定也。然且不免於罔羅機辟之患，是何罪之有哉？其皮為之災也。今魯國，獨非君之皮耶。吾願君刳形去皮，洒心去欲，而游於無人之野。」（山木）「堯舜為帝而推（推依孫貽讓改，原為雍），非仁天下也，不以美害生也；善卷許由得帝而不受，非虛辭讓也，不以事害己。」（盜跖）

「自三代以下者天下，莫不以物易其性矣。小人則以身殉利，士則以身殉名，大夫則以身殉家，聖人則以身殉天下。故此數子者，事業不同，名聲異號，其於傷性。以身為殉，一也。」（駢拇）

「利害不通，非君子也；行名失己，非士也；亡身不真，非役人也。若孤不偕、務光、伯夷、叔齊、箕子、胥餘、紀他、申徒狄，是役人之役，適人之適，而不自適其適者也。」（大宗師）

　　就上述所言，我們可以看出，莊子之求逍遙，除使個人心靈修養境界提昇之外，常易使人以欣賞過客之心態處世，此種人生態度對現實政治難有助益。換言之，莊子所代表之思想，視自我非為一經驗存在，亦不必參與經驗界事物之活動，只求安然觀賞世界，而世界萬物運行依

先秦以來道家之觀點，亦可各依其根性，自然而已，自我不於其中有所貪求。如此，一切事象如此自然存在或呈現，皆適供自我之觀賞，而不必求「成就」任何外物，亦不必想有任何成就。故曰：「古之眞人，其寢不夢，其覺無憂，其食不甘，其息深深。」（太宗師）此種自適不外適的達情遂命人生觀，殆爲影響莊子政治思想之重要基礎。

第三節　在宥無爲

莊子之政治思想主要可分爲：

一、政治不必爲

莊子認爲宇宙中有其自然秩序，不必再有任何人爲之干涉，此如：

「夫帝王之德，以天地爲宗，以道德爲君，以無爲常。」（天道）

「天地雖大，其化均也；萬物雖多，其治一也。」（天地）

「彼民有常性，織而衣，耕而食，是謂同德。」（馬蹄）

「夫子若欲使天下無失其牧乎？則天地固有常矣，日月固有明矣，星辰固有列矣，禽獸固有群矣，樹木固有立矣。夫子亦放德而行，循道而趨，已至矣。又何偈偈乎揭仁義，若擊鼓而求亡子焉，夫子亂人之性也。」（天道）

上述這些當然與老子「民莫之令而自均」或「道法自然」的理論相通，皆是視政治活動為多餘不必之事。

二、政治不可為

所謂政治不可為又可分為政治無用與政治只能造成人世之混亂二義。前者如：

「肩吾見狂接輿。狂接輿曰：日中始何以語汝？肩吾曰：告我君人者，以己出經式儀度，人孰敢不聽而化諸？狂接輿曰：是欺德也，其於治天下也，猶涉海鑿河而使蚊負山也。夫聖人之治也，治外乎？正而後行，確乎能其事者而已矣，且鳥高飛以避矰弋之害，鼷鼠深穴乎神丘之下，以避熏鑿之患，而曾二蟲之無知。」（應帝王）

「自而治天下，雲氣不待族而雨，草木不待黃而落，日月之光，益以荒矣。」（在宥）

莊子論政治之所以會造成罪惡混亂則有：

「馬，蹄可以踐霜雪；毛可以禦風寒。齕草飲水，翹足而陸。此馬之真性也。雖有義台路寢，無所用之。及至伯樂，曰：我善治馬。燒之、剔之、刻之、雒之、連之以羈馽，編之以皁棧。馬之死者，十二三矣；飢之、渴之、馳之、驟之、整之、齊之，前有橛飾之患，而後有鞭筴之威，而馬之死者，已過半矣。陶者曰：我善治埴，圓者中規，方者中

矩。匠人曰：我善治木，曲者中鉤，直者應繩。夫埴木之
性，豈欲中規矩鉤繩哉？然且世世稱之曰：伯樂善治馬，而
陶匠善治埴木，此亦治天下者之過也。」（馬蹄）

「夫馬，陸居，則食草飲水：喜，則交頸相靡；怒，則分背
相踶，馬知已此矣。夫加之以衡扼，齊之以月題，而馬知介
倪闉扼鷙曼詭銜竊轡。故馬之知而能至盜者，伯樂之罪
也。」（則陽）

上所言之種種，表示莊子假設人性自然完美，故反對一切外在之
人文活動：所以他一再以寓言方式藉攻擊世上不合理之禮教法制，來表
明對某些僵化現實人文活動之不滿。此如：

「昔者黃帝始以仁義攖人之心，堯舜於是乎股無胈，脛無
毛，以養天下之形，愁其五藏，以為仁義，矜其血氣，以規
法度，然猶有不勝也。堯於是放讙兜於崇山，投三苗於三
峗，流共工於幽都，此不勝天下也夫。」（在宥）

「自虞氏招仁義以撓天下也，天下莫不奔命於仁義，是非以
仁義易其性與？」（駢拇）

「彼正正者，不失其性命之情，故合者不為駢，而枝者不為
跂，長者不為有餘，短者不為不足，是故鳧脛雖短，續之則
憂；鶴脛雖長，斷之則悲，故性長非所斷，性短非所續，無
所去憂也……意仁義其非人情乎；自三代以下者天下，何其
囂囂也？且夫待鉤繩規矩而後正者，是削其性也；待繩約膠
漆而固者，是侵其德也。屈折禮義，呴俞仁義，以慰天下之
心者，此失其常然也，天下有常然，常然者，曲者不以鉤，

直者不以繩，圓者不以規，方者不以矩，附離不以膠漆，約
束不以纆索，故天下誘然皆生，而不知其所以生，同焉皆
得，而不知其所以得，故古今不二，不可虧也，則仁義又奚
連連如膠漆纆索，而遊乎道德之間為哉，使天下惑也。」
（駢拇）

「及至聖人，蹩躠為仁，踶跂為義，而天下始疑矣」（馬蹄）

「為之斗斛以量之，則並與斗斛而竊之；為之權衡以稱之，
則並與權衡而竊之；為之符璽以信之，則並與符璽而竊之，
為之仁義以矯之，則並與仁義而竊之。……故逐於大盜，揭
諸侯，竊仁義並斗斛權衡符璽之利者，雖有軒冕之賞弗能
勸，斧鉞之威弗能禁。」（胠篋）

「擿玉毀珠，小盜不起；焚符破璽，而民朴鄙；掊斗折衡，
而民不爭，殫殘天下之聖法，而民始可與論議。」（胠篋）

三、在宥無為的政治理念

　　莊子雖多言棄世無累，然人終無法全然與世隔絕，亦即無法與現
實政治完全不發生關係，故莊子終又藉論帝王之德，以在宥無為為其政
治理念。此如：

「故君子不得已而蒞臨天下，莫若無為。」（在宥）
「夫帝王之德，以天地為宗，以道德為主，以無為為常。」
（天道）

此亦正所謂：

「君子不得已而蒞臨天下，莫若無為，無為也，而後安其性
命之情。」（在宥）

「無為也，則用天下而有餘，有為也，則為天下用而不足，
故古之人貴夫無為也。」（天道）

「聞在宥天下，不聞治天下也。在之也者，恐天下之淫其性
也；宥之也者，恐天下之遷其德也。天下不淫其性，不遷其
德，有治天下者哉？」（在宥）

「夫為天下者，亦奚以異乎牧馬哉？亦去其害馬者而已矣。」
（徐無鬼）

在這種在宥無為之政治理念之下，莊子才提出他特有的以本然原
始之「至德」之世為標準的理想政治社會。此即莊子所說：

「至德之世，其行填填，其視顛顛，當是時也，山無蹊隧，
澤無舟梁，萬物群主，連屬其鄉，禽獸成群，草木遂長，是
故禽獸可係羈而遊，鳥鵲之巢，可攀援而闚。夫至德之世，
同與禽獸居，族與萬物並，惡乎知君子小人哉。」（馬蹄）

「至德之世，不尚賢，不使能，上如標枝，民如野鹿，端正
而不知以為義，相愛而不知以為仁，實而不知以為忠，當而
不知以為信，蠢動而相使，不以為賜。」（天地）

第八章 管 子

第一節　管子傳略

　　中國偉大之政治家中，管子為古代具有偉大政治思想而兼有實際事功者。其生平，史記雖有傳述，然略而不詳，學者推測約在周平王、桓王之間。管子名夷吾，字仲，或曰，字敬仲，後齊桓公尊之為仲父，故後世皆以仲稱之。齊國穎上人。史記及管子書，咸不詳其家世，或謂其為姬姓之後，管嚴之子。

　　史記管子列傳本文雖未明言管子曾著書，然「管子」一書，已於戰國西漢之際傳世，則可信而有徵。

> 「今境內皆言治，藏管商之法者家有之。」（韓非子五蠹篇）
> 「太史公曰：吾讀管民牧民山高乘馬輕重九府及晏子春秋，詳哉其言之也。既見其著書，欲觀其行事，故次其傳；至其書，世多有之，是以不論，論其軼事」（史記管晏列傳讚）

　　「管子」一書原三百八十九篇，漢劉向校刪，定為八十六篇。雖多數學者認為管子一書非出於一人之手，乃由後人綴輯附益而成，然吾人不可據此而即謂其內容與夷吾無涉。又管子一書，學者通推為法家鼻祖。然其內容及觀點，與申不害、公孫鞅、韓非、李斯諸家不盡相同，其中甚至夾有儒老思想，如心術、百心諸篇影附道家；內業、弟子戒諸篇類似儒家，前人有將管子分列法家者、有分列道家者，分類不一，主要原因在於其內容之駁雜不純。

第二節 尊君順民

管子生當列強爭雄之時，以當時爭強之環境言，君王非專斷，無以圖富強，君王必得其尊，始能稱霸天下。管子之尊君亦有其時代背景矣。然管子不僅於此，更從政治組織之起源，而主張尊君有止亂致治之效。此如：

「古者未有君臣上下之別，未有夫婦妃匹之合，獸處群居，以力相征。於是智者詐愚，強者凌弱，老幼孤獨不得其所，故智者假眾力以禁強虐，而暴人止。為民興利、除害、正民之德，而民師之，是故道術德行，出於賢人，其從義順理，兆形於民心，則民反道矣。名物處違是非之分，則賞罰行矣；上下設，民生體，而國都立矣。」（君臣下）

「主者，人之所仰而生也。」（形勢解）

「聖人之所以為聖人者，善分民也。聖人不能分民，則猶百姓也，於己不足，安得名聖？」（乘馬）

尊君既以權勢為中心，要做到「威不兩錯，政不二門」，必然就開出專制政治之「君尊臣卑」了。此如：

「制群臣，擅生殺，主之分也；縣令仰制，臣之分也。威勢尊顯，主之分也；卑賤畏敬，臣之分也。令行禁止，主之分也；奉法聽從，臣之分也。故君臣之相與，高下之處也，如

天之與地也；其分晝之不同也，如白之與黑也。故君臣之間
明別，則主尊臣卑。如此，則下之從上也，如響之應聲；臣
之法主也，如景之隨形。故上令而下應，主行而臣從，以令
則行，以禁則止，以求則得，此之謂易治」（明法解）
「主尊臣卑，上威下敬，令行人服，理之至也」（霸言）

在法家眼中，君之擅專大權與至高無上，絕不容人懷疑或反抗，
故君之權與私德無關。管子亦說：「凡人君之德行威嚴，非獨能盡賢於
人也。曰：人君也，故從而貴之，不敢論其德行之高卑。」（法法）可
是，管子到底不純是法家，他又說：「愛民無私曰德」，「其德不足以
懷其民者，殆。」（樞言）此正可見其駁雜不純，於是管子勉強綜合性
的說出：「故德之以懷也，威之以畏也，則天下歸之矣。」（君臣下）
「且懷且威，則君道備也。」（形勢）

管子與其他法家之不同，在於尊君之時仍希望君王要以國家人民
之利益為念，故有得民順民之說。所謂得民之意是：

「明主救天下之禍、安天下之危者也。夫救禍安危者，必待
萬民之為用也，而後能為王。」（形勢解）
「夫霸王之所始也，以人為本。本理則國固，本亂則國危。」
（法法）

這表示得民非僅只得到民之數量上的增加，而是要使民眾遵守君
王之令為其效命也。此如：

「屬數雖眾，非以尊君也；百官雖具，非以任國也，此之謂
國無人。」（明法）

「昔者聖王之治人也，不貴其博學也，欲其人之和同以聽令
也。」（法禁）

「凡牧民者，欲民之可御也。」（權修）

由上可知，管子之得民確是要民眾爲君王效力，爲君所用，而用
民之法則在於「反民性」，此如：

「夫至用民者，殺之危之，勞之苦之，飢之渴之，用民者將
致之此極也，而民毋可與慮害己者。……引而使之，民不敢
轉其力；推而戰之，民不敢愛其死。不敢轉其力，然後有
功；不敢愛其死，然後無敵。」（法法）

「爲國者，反民性，然後可與民戚。民欲佚而教以勞；民欲
生而教以死。勞教定而國富，死教定而威行。」（侈靡）

這是因爲管子認爲人性非善，而多自私自利，故君王不必顧及民
眾意願，只要以強力使人民服從即可，事後民眾自然知道君王行令之優
點，此如：

「民未嘗可與慮始，而可與樂成功。」（牧民）

可是，管子又認爲君王之威行令僅能使民表面服從，不能得到民
心，所以還要能順民心，從民之欲，才眞能爲治。故又曰：

「得眾而不得其心，則與獨行者同實。」（參患）

「勝民之爲道，非天下之大道也，使民畏公，而不見親。」
（小問）

「凡民必其所欲，然後聽上。聽上，然後政可善爲也。故

曰：德不可不興也。」（五輔）

從上可知，管子反民性之教近乎韓非，順民心之教，則近乎孟子。當然，若謂管子旨在提醒君王必以政令刑罰過民小利，得其大利，也可說明「反民性」與「順民心」之關係，與尊君之必要。但由此也可旁證出管子的駁雜，與不得列入純正儒家之理矣！

第三節　以法治國

雖有學者主張法治學說，非管仲時代所能有，但多數學者仍以管子代表法治之始端。我們也且以管子一書爲依據，說明管子以法治國的思想。

管子書中對法之界說，先後不一。然合而觀之，實包含一切道德規範與政治規範而言。自其最廣義而言，則一切自然之道德原理如仁義禮樂者，皆所謂法也。如：

「所謂仁義禮樂，皆出於法，此先聖之所以一民者也。」（任法）

「法者，天下之程式也，萬事之儀表也。」（明法解）

「夫法者，所以興功懼暴也；律者，所以定分止爭也。令者，所以令人知事也。」（七臣七主）

「制斷五刑，各當其名，罪人不怨，善人不驚，曰刑。」（正世）

　　管子論法律意義，兼收並蓄，所賅甚廣。考法之最初發達者為刑，古代所謂法，殆與刑罰同一意義，此管子之所以不免於以殺戮禁誅謂之法也。然刑罰乃法之一部分，而非全體。法之精確意義，殆指用以齊俗治眾之實證法而言，管子名之為律與令，商韓名之為法，其所指則一。若夫仁義禮樂道德原理等，此商韓之所斥，而管仲則與法混為一談。荀子論禮，而入於法，管子論法，而入於禮。非管荀之自亂立場，乃先秦各家思想互為影響之必然現象也。

　　管子主張以法治國，法到底為何如此重要呢？這是因為：

「治國使眾莫如法。」（明法解）
「規矩者，方圓之正也，雖有巧目利手，不如拙規矩之正方
　圓也。故巧者能生規矩，不能廢規矩而正方圓，雖聖人能生
　法，不能舍法以治國」（法法）

　　可見其主張以法為治的理由與商鞅相似，皆以法為治理國家或人民不可或缺的主要工具。

　　法既如此重要，法又從何而來？管子雖曰：「法出乎權，權出乎道」，但因其在政治理論中把君王置於首要地位，故以君王有制法之權，自為當然之解釋。故說：

「夫生法者，君也」（任法）
「制令之布於民也，必由中央之人。」（君臣下）

　　然君王之法亦不可隨意妄為，必須：

1.標準劃一

「法不一，則有國者不祥。」（任法）

2.顧及民情好惡

「人主之所以令則行禁則止者，必令於民之所好而禁於民之
所惡也。」（形式解）
「不求不可得者，不彊民以其所惡也。」（牧民）

3.顧及人民能力

「明主度量人力之所能為而後使焉。故令於人之所能為，則
令行；使於人之所能為，則事成」（形式解）

4.不可苛繁

「求多者其得寡，禁多者其止寡，令多者其行寡。」（法法）

5.要適時因俗

「古之所謂明君者，非一君也，其設賞有薄有厚，其立禁有
輕有重，迹行不必同，非故相反也。皆隨時而變，因俗而
動」（正世）

　　法制訂之後，更要注意推行法治的方法。這時，一方面要將法條
公布，視法條公布之日為法律生效之日，更要教導臣民共同知法守法，
君王亦要有以身作則的心理準備。此如：

「首憲既布，然後可以行憲」（立政）

「明智禮，足以教之，……鄉置師以說道之，然後申之以憲令。」（權修）

「有道之君，行法修制，先民服也。」（法法）

而在行法之時，公信力是行法成功之關鍵，故有：

「信也者，民信之」（小問）

「民信其法則親」（七臣七主）

而公信力在君主政治時又以君主之公平行法為首要條件，故有：

「如星辰之不變，……當故不改，曰法。」（正）

「私者，亂天下者也。」（心術下）

「夫凡私之所起，必生於主」（七臣七主）

管子於此也看出法家論法還是要以君為中心，他希望：

「故明王慎之，不為君欲變其令，令尊於君」（法法）

可惜中國歷代君王符合這個標準的不多，因此法家雖嘲笑儒家的聖人政治，但其自家的法治也還是要以「聖人」為本，也未曾能夠完全實現其所謂理想的法治。換言之，法家之行法，最終仍是以君王之賞罰為推動之力量，故曰：

「明王之治也，當於法者賞之，違於法者誅之。」（明法解）

包括管仲在內的法家雖也衷心盼望君王公平行賞罰，但因對君王

毫無約束力，故法治之實行確也非易！

第四節　富而後教

　　管子一書多以闡論政經思想為主，而其之所以重視政經思想，目的在富國齊國，建立霸政。管仲認為欲使國家富強，則不可不務三經。三經者，朝有經臣，國有經俗，民有經產。不務經臣，則姦邪便辟當政，國治無由；不務經俗，則上令難行，兵強不得；不務經產，則倉庫空虛，國富無從。所謂經臣係指尊賢為治，任用才能之士，而更值得注意的是富而後教的思想。此如管子所說之：

> 「凡治國之道，必先富民，民富則易治也，民貧則難治也。奚以知其然也？民富則安鄉重家，安鄉重家，則敬上畏罪，則易治也。民貧則危鄉輕家，危鄉輕家，則敢陵上犯禁，陵上犯禁，則難治也。是以善為國者，必先富民，然後治之。」（治國）

但其富民之旨仍是在求民聽命於上，如：

> 「夫民必得其所欲，然後聽上，聽上然後政可善為也。」（五輔）
> 「欲為國者，必重用其民；欲其重民，必重盡其民力」（權修）

由此可知，管子終在求富國而非富民，目的在使民為君王所用。

此外，單是富民並不能富國，還有富而後教的工夫。對此管仲不僅要說：「倉廩實則知禮節，衣食足則知榮辱。」（牧民）意思是說要以物質條件爲從事教化的基礎；更進一步主張要把教化當成法治成功的基礎，此即所謂：「教訓習俗者眾，則君民化變而不自知也。」可見，法治之實現，先要培養一種守法的風氣，亦即：

「未之令而爲，未使之而往，上不加勉而民自盡竭，俗之所期也。」（立政）
「漸也，順也，靡也，久也，服也，習也，謂之化。……不明於化，而欲變俗易教，猶朝揉輪而夕欲乘車……。變俗易教，不知化不可。」（七法）

所以，管仲特揭四維之教，而說：

「國有四維，一維絕則傾，二維絕則危，三維絕則覆，四維絕則滅，傾可正也，危可安也，覆可起也，滅不可復錯也。何謂四維？一曰禮，二曰義，三曰廉，四曰恥。禮不踰節，義不自進？廉不蔽惡，恥不從枉。故不踰節，則上位安，不自進，則民無巧詐；不蔽惡，則行自全，不從枉，則邪事不生。」（牧民）

管仲這種說法雖與儒家所言好似類同，然其所謂富民或教化到底只是富國之工具，連四維亦只爲培養守法之風俗，故與儒家實不同。這一點是在論述儒家駁雜的管子時，特別要注意檢別的。

第九章　韓　非

第一節　韓非傳略

　　韓非，集法家思想之大成者也，其學術昭著於後世，然家世生平，史傳所載，簡而不詳：

> 「韓非者、韓之諸公子也。喜刑名法術之學，而其歸本於黃老。非為人口吃，不能道說，而喜說書，與李斯俱事荀卿，斯自以為不如韓非。非見韓之削弱，數以書諫韓王，韓王不能用。於是，韓非……故作孤憤、五蠹、內外儲、說林、說難十餘萬言，……人或傳其輸至秦，秦王見孤憤、五蠹之書曰：嗟乎，寡人得見此人，與之游，死不恨矣。李斯曰：此韓非之所著書也。秦因急攻韓，韓王始不用非，及急，迺遣非使秦，秦王悅之，未信用。李斯姚賈害之，毀之曰：韓非，韓之諸公子也，今王欲併諸侯，非終為韓不為秦，此人之情也。今王不用，久留而歸之，此之遺患 也。不如以過法誅之。秦王以為然，下吏治非。李斯使人遺非藥，使自殺，韓非欲自陳，不得見，秦王後悔之，使人赦之。非已死矣。」（史記韓非列傳）

　　依此傳，韓非係戰國末期韓宗室，學者疑為韓釐王或韓桓惠王之子。關於其生年，今據學者推定，韓非或生於韓釐王十六年，即公元前二八〇年；卒於韓王安六年，即公元前二三三年。韓非生逢戰國末造，嬴秦統一六國之趨勢，漸趨明朗，目覩韓之削弱，故雖師事荀卿，然為

力矯時弊，救韓圖存，乃舍儒而趨法，數以書切諫韓王，不能用。乃退而發憤著書，發思想爲言論，秦王讀之，嘆服備至，乃急攻韓，欲得非，非奉命使秦，秦王悅之，而不能用，或係阻於讒臣李斯姚賈之輩，終冤死於秦，殆爲先秦諸子政治生命最坎坷者。

史記韓非列傳稱韓非嘗著孤憤、五蠹、內外儲、說林、說難十萬餘言。漢書藝文志著錄韓非子五十五篇，列法家。今本韓非子五十五篇，並存不缺。

韓非之思想與其背景，史傳略有所載：

「喜刑名法術之學，而其歸本於黃老，……非見韓之削弱，數以書諫韓王，韓王不能用。於是韓非疾治國不務修明其法制、執勢以御其臣下、富國彊兵；而以求人任賢，友舉浮淫之蠹，而加之於功實之上。以為儒者用文亂法，而俠者以武犯禁，寬則寵名譽之人，急則用介冑之士，今者所養非所用，所用非所養，悲廉直不容於邪枉之臣，觀往者得失之變，故作孤憤、五蠹、內外儲、說林、說難十萬餘言。」

第二節　荀子對韓非的影響

在討論韓非之思想前，我們可先看一下他的老師荀子對他的影響。此可分下述兩方面來分析：

一、在人性的認定方面

荀子主張人性爲惡，故說：

「人之性惡，其善者僞也。」（性惡篇）

「今人之性，生而有好利焉。順是故爭奪生而辭讓亡焉。生
而有疾惡焉。順是，故殘賊生而忠信亡焉。生而有耳目之
欲，有好聲 色焉。順是，故淫亂生而禮義文理亡焉。……
故順情性，則不辭讓矣。用此觀之，然則人之性惡明矣。」
（性惡篇）

這表示荀子是就人「生而有」之種種欲望，而說人性本惡。韓非
繼之，也分就各方面舉例從人「生而有」之欲望，證明人之性惡表現在
人與人之間只講利害計較，故人不能有德性，亦不可能相愛互助。此
如：

「人為嬰兒也，父母養之簡，子長而怨。子壯盛成人其供養
薄，父母怒而誚之。父子，至親也，而或譙或怨者，皆挾相
為，而周於為己也。」（外儲說左上）

「且父母之於子也，產男則相賀，產女則殺人，此俱出父母
之懷壯，然男子受賀，女子殺之者，慮其後便，計之長利
也。故父母之於子也，猶用計算之心以相待也。而況無父子
之澤乎？」（六反）

「君以計畜臣，臣以計事君。君臣之交計也；害身而利國，
臣弗為也；害國而利臣，君不行也。臣之情害身無利；君之

情，害國無親。君臣也者，以計合者也。」（飾邪）

「人臣之於其君，非有骨肉之親也，縛於勢而不得不事也。」
（備內篇）

「夫買庸而播耕者，主人費家而美食，調錢布而求易者，非
愛庸客也，曰：如是，耕者且深，耨者熟耘也。庸客致力而
疾耘耕，盡功而盡畦陌者，非愛主也。曰：如是，羹且美，
錢布且易云也。此其養功力，有父子之澤矣，而必周於用
者，皆挾自為心也。故人行事施予，以利之為心，則越人易
和；以害之為心，則父子離且怨。」（外儲說左上篇）

「醫，善吮人之傷，含人之血，非骨肉之親也，利所加也。
故輿人成輿，則欲人之富貴；匠人成棺，則欲人之夭死也。
非輿人仁而匠人賊也。人不貴，則輿不售；人不死，則棺不
買，情非憎人也，利在人之死也。」（備內篇）

二、在重後天教化方面

荀子言性惡，卻又不願停留在惡界，而說人有改正之可能，此即
其化性起偽說與重後天教化的原因。在這方面荀子說過：

「故枸木必將待隱括烝矯然後直，鈍金必將待礱厲然後利。
今人之性惡，必將待師法然後正，得禮義然後治。今人無師
法，則偏險而不正，無禮義，則悖亂而不治。」（性惡篇）

「其善者偽也。……故必將有師法之化，禮義之道，然後出
於辭讓，合於文理，而歸於治。用此觀之，……其善者偽
也。……今人之性惡，必將待師法然後正，得禮義然後治。

今人無師法，則偏險而不正，無禮義，則悖亂而不治。」
（性惡篇）

這是說人的一切道德善行皆來自後天人爲的矯正與約束，所以荀
子才說「善者，僞也」，又有重「禮」之說，此即：

「禮起於何也？曰：人生而有欲，欲而不得則不能無求。求
而無度量分界，則不能不爭。爭則亂，亂則窮。先王惡其亂
也，故制禮義以分之。」（禮義篇）

這些論點當然深深影響到韓非，故韓非也說：

「夫必恃自直之箭，百世無矢，恃自圓之木，千世無輪矣，
……然而世皆乘車射禽者何也？隱括之道用也，……不恃賞
罰而恃自善之民，明主弗貴也。」（顯學）

這樣一來，韓非之尊君重法也就是必然的結論了，所以韓非徹底
否定人之德行生命，認爲有「法」及「術」即可驅人爲「善」。此處之
「善」與人之品格無關，只是爲君所用之「良民」而已。這些與荀子所
說都是有關連的。

第三節　唯法爲治

韓非就人性爲惡及人只以利害爲行爲準則之觀點，大肆攻擊一切
仁義德化聖賢之教，此如：

「且夫堯舜桀紂，千世而一出。……中者上不及堯舜，而下亦不為桀紂。抱法處勢則治，背法去勢則亂。今廢勢背法而待堯舜，堯舜至乃治，是千世亂而一治也。抱法處勢而待桀紂，桀紂至乃亂，是千世治而一亂也。」

「夫嬰兒相與戲也，以塵為飯，以塗為羹，以木為胾，然至日晚必歸饟者，塵飯塗羹，可以戲而不可食也。夫稱上古之傳，頌辯而不愨，道先王仁義而不能正國者，此亦可以戲而不可以為治也。」（外儲說左上）

「故善毛嬙西施之美，無益吾面，用脂澤粉黛，則倍其初。言先王之仁義，無益於治明吾法度，必吾賞罰者，亦國之脂澤粉黛也。故明主急其助而緩其頌，故不道仁義。」（顯學）

「且民固服於勢，寡能懷於義。仲尼，天下聖人也，修行明道以遊海內，海內說其仁，美其義，而為服役者七十人，而仁義者一人。魯哀公下主也，南面君國，境內之民，莫敢不臣。民者固服於勢，勢誠易以服人，故仲尼反為臣，哀公顧為君，仲尼非懷其義，服其勢也，故以義則仲尼不服於哀公，乘家則哀公臣仲尼。今學者之說人主也，不乘必勝之勢，而曰務行仁義則可以王，是求人主之必及仲尼，而以世之凡民皆為列徒，此必不得之數也。」（五蠹）

「歷山之農者侵畔，舜往耕焉，朞年甽畝正，河濱之漁者爭坻，舜往漁焉，朞年而讓長；東夷之陶者器苦窳，舜往陶焉，朞年而器牢。仲尼嘆曰……聖人之德化乎？或曰……且舜救敗，朞年已過，三年已三過，舜有盡，壽有盡，天下過無已也。以有盡逐無已，所止者寡矣。」（難一）

在這觀點之下，韓非才進而提倡「唯法為治」，他說：

「治民無常，唯法為治。」（心度）

「國無常強，無常弱。奉法者強則國強，奉法者弱則國弱。」
（有度）

「有道之主，遠仁義，去智能，服之以法，是以譽廣而名
威，民治而國安。」（說疑）

為什麼韓非如此相信法之功用呢？這還是因為韓非堅信人性自
私，若無嚴法管制，則社會必將大亂，國家也將衰弱，此如：

「法，所以遏滅外私也；嚴刑，所以遂令懲下也。」（有度）

「夫立法令者以廢私也，法令行而私道廢矣。……所以治
者，法也，所以亂者，私也。法立則莫得為私矣。故曰：道
私者亂，道法者治。」（詭使）

「法分明，則賢不得奪不肖，強不得侵弱，眾不得暴寡。…
…服虎而不以柙，禁姦而不以法，塞偽而不以符，此賁育之
所患，堯舜之所難也。」（守道）

「聖人者，審於是非之實，察於治亂之情。故其治國也，正
明法，陳嚴刑，將以救群生之亂，除天下之禍，使強不凌
弱，眾不暴寡，耆老得遂，幼孤得長，邊境不侵，君臣相
親，父子相保，而無死亡係虜之患，此亦功之至厚者也。」
（姦劫弒臣）

於是韓非乃以法為治亂分野之標準，然法又來自何處呢？照韓非
的解說是：

「上操度量，以割其下，故度量之立，主之寶也。」（揚權）
「法者，王之自也。」（心度）

因此，韓非論法雖也主張立法要注意固定性、普遍性、適應性與
至高性，然法之是否能行，關鍵還是在君主身上，因此所謂唯法爲治仍
然歸結爲尊君之說矣，此乃有：「國者，君之車也。」（外儲說右下）
與「法審則上尊而不侵。」（有度）之結論。由此可知，國家之治亂富
強唯與君王是否得尊與君王能否堅定執法有關，而君王之行法治，大可
棄仁義道德智能於不顧，只要以「利」收買人，以「威」嚴行號令，以
「名」確立君王一己的言行標準即可，此正所謂：

「聖人之所以爲治道者三，一曰利，二曰威，三曰名，夫利
者所 以能民也，威者所以行令也，名者上下之所同道也。」
（詭使）

於是：

「明主之國，無書簡之文，以法爲教；無先王之語，以吏爲
師；無私劍之捍，以斬首爲勇。是以境內之民，其言談者必
軌之於法，動作者歸之於功，爲勇者盡之於軍。」（五蠹）
「古者世治之民，奉公法，廢私術，專意伊行，具以待任。」
（有度）

第四節　任勢與人主之權

　　韓非之基本思想在求國家強盛，所以要唯法爲治，而法治之關鍵在乎尊君，故又倡任勢。所以任勢者即主張權勢爲人主之本也，此如：

「主之所以尊者，權也。……故明主操權而上重。」（心度）

「權勢不予以借人，上失其一，臣以為百。故臣得借則多力，力多則內外為用，內外為用則人主壅。」（內儲說下）

「勢重者，人主之淵也。君者，勢重之魚也。」（內儲說下）

「威勢者，人主之筋力也。今大臣得威，左右擅勢，是人主失力。人主失力而能有國者，千無一人。」（人主）

　　可見任勢之說與權力是息息相關的，韓非心目中認爲君主之所以能立威行令，在於有權，而君之權又因其獨居君位之「勢」，所以他說：

「獨自四海之內，聰智不得用其詐，險躁不得關其佞，姦邪無所依，遠在千里外，不敢易其辭。勢在郎中，不敢蔽善飾非；朝廷群下，直湊單微，不敢相踰越，故治不足而日有餘，上之任勢使然也。」（有度）

「萬乘之主，千乘之君，所以制天下而征諸侯者，以其威勢也。」（人主）

「萬物莫如身之至貴也，位之至尊也，主威之重，主勢之隆

也。」（愛臣）

因此，韓非雖也承認「勢」之定義很難確立，但至少他肯定所謂之勢，必須是：

「勢者，勝眾之資也。」（八經）
「勢之為道也，無不禁。」（難勢）

至於為什麼勢這麼重要，究其原因，還是因人性非善，本無自動行善之可能，須外在威權以約束管制之。故韓非乃說：

「今有不才之子，父母怒之弗為改，鄉人譙之弗為動，師長教之弗為變。夫以父母之愛，鄉人之行、師長之智、三美加焉，而終不動，其脛毛不改。州部之吏，操官兵，推公法，而求索姦人，然後恐懼，變其節，易其行矣。故父母之愛不足以教子，必待州部之嚴刑者，民固驕於愛聽於威矣。」（五蠹）
「夫嚴家無悍虜，而慈母有敗子，吾以此知威勢之可以禁暴，而德厚之不足以止亂也。」（顯學）
「無慶賞之勸，刑罰之威，釋勢委法，堯舜戶說而人辯之，不能治三家。」（難勢）
「勢者，君之馬也，夫不處勢以禁誅擅愛之臣，而必德厚與下齊行以爭民，是皆不乘君之車，不因馬之事，釋車而下走者也。」（外儲說右上）
「故立尺材於高山之上，下臨千仞之谿，材非長也、位高也。桀為天子，能制天下，非賢也，勢重也；堯為匹夫，不

能正三家，非不肖也，位卑也」。（功名）

　　然擁大權居高位之君，是否真可與賢能德行毫無關係，此一問題到底應該如何解決，韓非不得已，只好說要「中才」來任「勢」，使「勢」與「才」相配合。所以說：「且夫堯舜桀紂，千世而一出……吾所以為言勢者，中也。」（難勢）但問題是：中等之才真能擔負法家所希望的行法、任勢、使術之重責大任嗎？如果不能，那法家整個理想豈不就落空了。

第五節　以術保權

　　韓非所謂之術，基本上還是與尊君有關，是要君王善保其獨一無二之大權，來控制臣子，而不為臣子所欺。所以他說：

「任人以事，治亂存亡之機也。無術以任人，無所任而不敗。人君之所任，非辯智，則修潔也。任人者使有勢也。智士者，未必信也。為多其智，困惑其信也。以智士之計，處稱勢之資，而為其私急，則君必欺焉。為智者之不可信也。故任修士。任修士者，使斷事也。修士者，未必智也，為潔其身，因惑其智也。以愚人之惛，處治事之官，而為其所然，則事必亂矣。故無術以任人，任智則君欺，任修則事亂，此無術之患也，明君之道……智者不可詐欺，……愚者不可任事。智者不敢欺，愚者不得斷，則事無失矣。」（八說）

「術者，因任而授官，循名而責實，操生殺之柄，課群臣之
　能者也。」（定法）

「術者，藏之於胸中，以偶眾端而潛御群臣者也。」（難三）

　　這表示韓非認爲君臣之間絕無仁愛信義可言，臣下日夜所盼者，
爲去君而代之，故君王必須用術識別忠姦，使臣不敢有貳心，如此方能
鞏固統治地位。故又曰：

「人臣之於其君，非有骨肉之親也，縛於勢而不得不事也。
　故為人臣者，窺覘其君心也，無須臾之休，而人主怠傲處其
　上，此世所以有劫君弒主也。」（備內）

「故明主者，不恃其不我叛也，不恃其不我欺也，恃吾不可
　欺也。」（外儲説左下）

　　韓非常以法術並論，可見兩者關係密切；蓋法之作用在治國，而
術之作用乃在安君馭臣。法若爲君臣所共守，術則君主所獨用；進而言
之，韓非言術，有其根本要圖，即責效與防姦而已。責效在於提高行政
效率，使政治上一切措施都能發揮實際功能。因此，他說：

「人主雖使人，必以度量準之，以刑名參之，以事過於法則
　行，不過於法則止。功當其言則賞，不當則誅，以刑名牧
　臣，以度量準下。此不可釋也。」（難一）

　　能夠如此，則群臣當然不敢欺矇，亦必能守分盡職以期獲賞，此
乃責效之力也。

　　至於君主防姦之企圖則在於鞏固其統治權，有所謂察姦六術，此

乃是：（1）不可隨便授權臣屬，「權勢不可以借人。」（2）不令派系發生摩擦。「參疑之事，亂之所由生也。」（3）對臣屬舉止不可掉以輕心，「事起而有所利，其尸主之；有所害必反察之。」（4）應警覺臣屬藉外力陰謀顛覆，「姦臣者，召敵兵以內除，舉外事以眩主。」（5）應誤敵而不為敵所誤，「敵之所誤，在淫察而就靡。」（6）慎辨姦言，「似類之事，人主之所以失誅，而大臣之所以成私也。」

　　另有所謂聽言之術，此即：（1）不輕加贊言，「聽言之道，溶若甚醉，是非輕湊，上不與構。」（2）多方採言，「不以眾言參驗，用一人為門戶者，可亡也。」（3）勿聽虛言，「人主之聽言也，不以功用為的，則說者多棘刺白馬之說。」君王透過察姦與聽言之術，就可以達到防姦之目的。由此可知，所謂之「術」，就是要做到責效與防姦兩大目的，此亦即韓非論「術」的根本要圖也。

第六節　對以韓非為代表的法家思想之評論

對以韓非為代表之法家思想我們大致有下述之評論：

1. 以韓非為代表之法家政治思想，其目的只在求如何致國家的富強，亦即如何建立一個強而有力之領導統治以爭霸天下。故法家所言之治亂、富強皆與民眾之福祉無關，反而在強國思想下，有利用民眾之可能。

2. 法家所言，實皆以人主為念，目的在建立強有力之統治。

故法家在對人性沒有信心的前提下，雖有所謂行法、任勢、使術，然一切所構想的政治活動，事實上都落在依權勢而起的賞罰之上。故韓非亦才說，「明主之所導制其臣者，二柄而已矣。二柄者，刑德也，何謂刑德，曰殺戮之謂刑，慶賞之謂德。」可見所謂之法令權術，只是以二柄為中心的。故其說雖多，終旨只在使人主用權以成勢，乘勢而用明，因明以保權，外持二柄，內守權術上詭謀之虛靜，以求駕御天下矣。

3.法家之論法，雖力言法有利民之效，然其之所以能止亂致治，蓋以假定人性自利，故以強制性之二柄使人守令。可惜的是，二柄中賞者不多，罰則嚴峻，加以不講慈惠，暴政暴君之可能亦就隨之而起。再者，法家所言之法，原本是中才之君所下之號令，在立法與行法全靠凡人之君時，法家所謂行法之公平無私性，根本沒有實現之可能。因此，法家雖嘲笑儒家「聖君」之說，然其本身理想在沒有「聖君」時，也全然落空，不僅如此，秦皇暴政亦乃必然結果。

第十章　漢代政治思想

第一節　漢代政治思想概述

一、秦漢政治思想特色

　　自春秋之後，因列國爭霸之故，我國政治思想初以孔孟之德治主義爲主，再變附於荀子之禮論，三轉而及於韓非之法治主義。迨及始皇一統天下，專制之局更已確定。爲適應專制政治之需求，荀子、商、韓等倡任法禁私學私議這種同文壹教之術，遂爲政治思想之重心。此如李斯上始皇書曰：「古者天下散亂，莫能相一，是以諸侯並作，語皆道古以害今，飾虛言以亂實，人皆善其所私學，以非上所建立。今陛下並有天下，辯黑白而定一尊，而私學相以非法教。人聞令下，則各以其學議之，入則心非，出則巷議，夸主以爲名，異取以爲高，率群下以造謗。如此弗禁，則主勢降於上，黨與成乎下，禁之便。臣請史官非秦紀皆燒之，非博士所職，天下敢有藏詩書百家語者，悉詣太守尉雜燒之，有敢偶語詩書者棄也，以古非今者族，吏見不舉者同罪，令下三十日不燒，鯨爲城旦。所不去者，醫藥卜筮種樹之書。」始皇用其言，乃有焚書坑儒之策，百家雜學遭禁，唯法家倖存，然所謂習法者也只能以吏爲師，思想自由之風受挫，中國學術史之黃金時代從此告終，其後政治思想之融合多於創新矣。

　　然即就司馬談所列先秦儒、墨、名、法、陰陽、道德六家思想而言，陰陽家的學說在西漢初年即逐漸爲道、儒所吸收，尤其在景、武之

際幾已與儒家之公羊派全然結合。名家原即為刑名之家，在西漢時也已為法家兼併。至於墨家，因其違反人性，如莊子天下篇所言：「反天下之心，天下不堪。墨子雖能獨任，奈天下何！」本就難以實行，再加上後學不能修改尚儉過當不合治道之師說，故在西漢武帝之後已難得墨家之詳。因此，先秦諸家政治思想在秦漢之際，尚能維持發展，對現實政治能產生作用者，僅道（黃老）、儒、法三家。而此三家之相互爭勝，演變互通最顯著者亦莫如漢代，此誠可謂漢代政治思想之特色。

政治思想之活躍與社會環境有密切關係，秦漢以後，兩千年來，中國皆維持君王一統之局，政治社會結構本質鮮少變化，政治思想在上述三家之爭勝中，思想會通乃必然之勢，如賈誼以孔孟為主，卻兼採黃老；董仲舒亦多雜有陰陽五行之說。於是此後我國政治思想大多為儒、道、法相雜互融也，及至西學東漸後才有新的變化發展。

二、兩漢政治思想變遷概要

兩漢四百年間，可說是道、儒、法三家爭勝之時期，而其思想變遷概要可分：

(一) 從高祖元年迄武帝建元元年，前後約七十年為黃老當道，政治崇尚無為之時

由於秦始皇統一天下係以法家苛政為本，不但刑罰過重，更因大興土木，治馳道、營驪山、築阿房，使民怨沸騰。秦國賦稅原就極重，「田租口賦，鹽鐵之利，二十倍於古。」（漢書，卷二四上，食貨志上）到秦始皇晚年因擾民過甚，米價在始皇三十一年已高漲為「米石千六百」

（史記，卷六，始皇本紀），迨二世時天下大亂，「諸侯並起，民失作業，而大饑饉，凡米石五千，人相食，死者過半。」（漢書，卷二四上，食貨志上）高祖初年「天下既定，民亡蓋臧，自天子不能具醇駟，而將相或乘牛車。」（同上）又如曲逆一地之戶口，「始皇時三萬餘戶，間者兵數起，多亡匿，今見五千餘戶。」（漢書，卷四十，陳平傳）此俱可見當時民生之痛苦。再者，秦之酷法到二世時已變本加厲為「法令誅罰日益深刻，群臣人人自危，欲畔者衆。」（史記，卷八七，李斯傳）因此，當沛公入關後，「與父老約法三章耳：殺人者死，傷人及盜抵罪。餘悉除去秦法。」又說：「食粟多，非乏，不欲費人。」（史記，卷八，高祖本紀）即能盡得人心矣。

由上可知，在備受秦嚴苛酷法壓制及歷經秦末大亂之後，人心所共同希望的只是政簡刑清、休養生息。不但法家思想在排斥之列，重禮樂教化之儒家思想亦難被接受。而在先秦諸家中，最反對人為煩擾崇尚簡易無為的就是道家。道家本以老子為主，然自戰國末期即有人假黃帝之名，使黃老並稱，來抬高道家地位。因此，漢初七十餘年，實為黃老當道時期。在此時期，經濟上採自由放任政策，不收關稅，開放山林湖泊，使人民隨意漁樵，自由販運貨物。此即「開關梁，弛山澤之禁，……交易之物莫不通，得其所欲。」（史記，卷一二九，貨殖列傳）在賦稅方面，採減稅寬惠之策，一反秦之「收泰半之賦。」而「輕田租，什五而稅一」（漢書，卷二四上，食貨志上）。而自文帝十三年至景帝二年，人民不納田租者達十三年之久，更是歷史上少見之事。在刑法方面，概採寬大，史稱「（高惠之時）蕭、曹為相，填以無為，從民之欲，而不擾亂，……刑罰用稀。」（漢書，卷二三，刑法志）在營建方面，則務期節省，以與民休息。如高祖曾斥蕭何之治未央宮曰：「天下

匈匈，勞苦數歲，成敗未可知，是何治宮室過度也。」（漢書，卷一上，高帝紀上）這些實可說是無爲簡易之政的具體表現。

（二）自武帝迄新莽約一百六十餘年，始則儒法爭勝，繼而儒法合流與儒學終之以符命讖諱之迷信

漢初行黃老之術的結果，使國家富強，社會復甦，戶口增加，經濟繁榮，史載：「至武帝之初，七十年間，國家亡事，非遇水旱，則民人給家足，都鄙廩庾盡滿，而府庫餘財，京師之錢累百鉅萬，貫朽而不可校。太倉之粟陳陳相因，充溢露積於外，腐敗不可食。」（漢書，卷二四上，食貨志上）但是在實行自由優容政策時，卻也有下述之缺點：（1）諸王坐大，藐視中央，「小者淫荒越法，大者睽孤橫逆。」（漢書，卷一四，諸侯王表）從文帝到武帝都曾發生叛亂之事。（2）社會風氣奢靡，由於「罔疏而民富，役財驕溢，……公卿大夫以下爭於奢侈，室廬車服僭上亡限。」（漢書，卷二四上，食貨志上）。（3）貧富差距拉大，富者妄行兼併，引生社會法紀問題，如「豪黨之徒以武斷於鄉曲。」（同上）。（4）外患嚴重，匈奴游騎甚至到達長安附近。這些問題乃使主張採積極有爲的儒、法之說，逐漸取代了黃老思想。

其實，晁錯在文帝時即一再上書建議討伐匈奴及守邊備塞，勸農力本，貴五穀賤金玉、削諸侯之策。這種重農輕商、振兵威、尊主安國之法家思想也屢獲文帝嘉許。其後武帝雖名義上罷黜百家獨尊儒術，但實際上由於武帝好大喜功，外爭四夷，內興功利，國用浩繁，役費並興，刑罰漸苛，於是法家之徒實與儒者並列於朝。如義縱爲定襄太守，一日殺四百餘人，「郡中不寒而慄」，王溫舒爲何內太守，「大者至族，小者乃死，……至流血十餘里。……郡中無犬吠之盜。」（漢書，

卷九十，酷吏傳）然其等行法只求嚴苛並不求公平，反曲意迎合人主，使專制之風更加徹底，此如杜周曾說：「當時爲是，何古之法乎」（漢書，卷六十，本傳）張湯亦云：「即上意所欲罪，予監吏深刻者，即上意所欲釋，予監吏輕平者。」（同上，卷五九）。可見武帝之所謂獨尊儒術，實用儒術以緣飾其所施行的深文峻法的吏治。因此，以桓寬鹽鐵論爲例，雖證明儒法二家有過激烈爭論，但由於法家要以儒術「緣飾」，及君王之態度，如宣帝所謂：「漢家自有制度，本以霸王道雜之，奈何純任德教，用周政乎！」（漢書，卷九，元帝紀）而使儒法逐漸合流。換言之，此後儒家在名義上取得我國學術上正統之地位，但習文法吏之徒則在政治上掌握實權。

在與法家的對抗中，儒家政治思想的另一重要發展，就是董仲舒之將儒學與陰陽思想相合，企圖利用天權來限制君權，並化陰陽家的五德終始說爲三統說。但這種天人感應思想到哀、平之際，已惡質化爲讖諱符命之說矣。

（三）東漢二百年，儒家勢衰，政治思想萎縮與趨於悲觀

王莽篡漢改制失敗，在政治思想上促成再受命說與讖諱符命說的盛行。其間雖有楊雄等人的力斥其非，但風氣已成，連五經章句也憑讖諱解說。後漢儒者一反西漢儒士好談天人之際，論政喜歡要求改制的作風，轉而專注章句注釋與家法考究，使學術思想長期停滯。加以光武帝因重視君臣之義，竟衍生出君爲臣綱的三綱說，儒家政治思想乃漸萎縮於此種所謂的君臣大義之下。桓譚、荀悅等人始對專制能否改善露悲觀之意，聖君賢相理想已不再可能，而寄希望於任刑參霸之術。其後仲長統根本全然懷疑政治能達於治道，此乃對專制政體與儒學之全面否定，

為徹底悲觀之見矣。

第二節　呂氏春秋

　　據史記載，呂不韋事莊襄王為丞相，秦始皇時尊為相國，號稱「仲父」，門下食客有三千人，不韋乃使其客各著所聞，集論以為八覽六論十二紀，都二十餘萬言，號曰呂氏春秋。該書可說是先秦經典及諸子百家的大綜合，若以雜家之義，一為一流之中門戶互殊，或一書之中眾說兼採，則呂氏春秋可視為雜家之代表性著作。因該書對漢代的學術與政治影響極大，故在論述漢代政治思想前，宜先簡論該書的要義。

　　呂氏春秋之政治思想，第一個特色即在反對過苛的法家統治術，認為法家所說短期間或有成效，但因違反人性，不能作長治久安的立國之道。此如：

> 「彊令之笑不樂，彊令之哭不悲。彊令之為道也，可以成小，而不可以成大。」（卷二功名）
> 「為天下及國，莫如以德，莫如行義。以德以義，不賞而民勸，不罰而邪止……豈必以嚴罰厚賞哉。嚴罰厚賞，此衰世之政也。」（卷十九上德）

　　呂氏春秋援引先秦各家學說而成，但全書卻無一言援引當時最盛行的法家言論，其反對法家之意明顯可見。但是該書真正反對的並不是法家，而是反對過苛不當的法，反對只以統治者權威、利益為重，加強於人民身上的法，故有：

「法也者眾之所同也，賢不肖之所以齊力也，謀出乎不可用，事出乎不可同，此為先王之所舍也。」（卷二十五處方）

因此，在求避免「事出乎不可同」之時，呂氏春秋乃有發揮「天下為公」的積極主張：

「昔聖王之治天下也必先公，公則天下平矣。……凡主之立也生於公……天下者非一人之天下也，天下之天下也。」（卷一貴公）

「堯有十子，不與其子而授舜。舜有九子，不與其子而授禹，至公也。」（卷二去私）

「德衰世亂，然後天子利天下，國君利國，官長利官，此國之所以遞興遞廢也，亂難之所以時作也，」（卷二十恃君覽）

呂氏春秋在此處不但把先秦諸家天下為公的思想加以發揚，甚至批判了禹之後王位傳子的傳統，此種大義一直為西漢大儒所繼承。

呂氏春秋天下為公的政治主張，在理論上亦深受其養生全生人生觀之影響。該書認為人是由天所生，所謂：「始生人者天也」（卷五大樂），既然人由天所生，則人可由養生以與天地相通。而養生之道在於節制欲望，以保全天所與之生命，故曰：「聖人之於聲色滋味也，利於性，則取之，害於性，則舍之，此全性之道也。」（卷一本生）這種對生命現實活動的合理要求，進而可與天地相通，「若此人者，不言而信，不謀而當，不慮而得，精通乎天地，神覆乎宇宙。其於物，無不受也，無不裹也，若天地然……此謂全德之人。」（同上）在與天地通之同時，當然也可與天下人相通，而能與天下人相通的君王就是聖人，也

就是行天下爲公的君王，故曰：「聖人南面而立，以愛利民爲心，號令未出，而天下皆延頸舉踵矣，則精通乎民也。」（卷九精通）

可是由於呂氏春秋係以戰國末期道家思想爲主，與原始道、儒家皆不全同。故雖言養生全生與天人相通，但相通之道卻轉爲所謂的「以類相感」，而不能在人本身的德性或致虛極守靜篤上立定基礎。因此，才有：「類固相召，氣同則合，聲比則應，鼓宮而宮動，鼓角而角動，……無不皆類其所生以示人。」（卷十三應同）又有：「商箴云天降災布祥，並有其職，以言禍福人或召之也。」（同上）這即是說人之某類行爲，會招致天降某類禍福。於是以類相通的說法，既可用於天人之際，亦可用於君王臣民之間，兩漢災異思想，實源於此。

就災異思想而論，呂氏春秋中十二紀紀首對漢代思想影響更爲驚人。中國陰陽與五行說，原本是兩不相屬的系統，把兩者組合在一起，可能由鄒衍開始。而呂氏春秋十二紀紀首的基本說法，正是把陰陽二氣，運行於四時之中，並將五行分別與四時相配合。例如，春季是陽氣且爲木德當令，若生命活動與其相合即爲「同氣」。於是使人類生存之世界，全然受陰陽五行支配，這又形成一種中國式的宇宙觀。這種說法當然有許多牽強附會，但因主張政治與天，實際是與陰陽二氣的相配合，在「與元同氣」的觀念下，卻引申出對天的一種責任感，其對漢代的影響，包括了漢代人對災異的解說與對刑賞的運用兩方面，使漢人強調施政須合月令，否則陰陽失和就會有災異，而刑罰不可用於春夏陽氣當令之時，更是漢代人深信不疑的。

此外，淮南子一書即參引呂氏春秋而成，並在有所變更的情形下，全部抄錄了十二紀紀首，例如，十二紀紀首中的五帝五神，淮南子天文訓中被改變爲五星。而就個人來說，受十二紀影響最大者當爲董仲

舒，春秋繁露一書實為繼承十二紀紀首陰陽五行觀念所發展出來的，董氏的尚德去刑，以春夏為天之德，秋冬為天之刑等等說法，蓋皆本於此。此外，呂氏春秋雖主禍福由人召，成敗卻常偶然，這種「凡治亂存亡安危彊弱必有其遇，然後可成」（卷十四長攻）之說，為漢儒王充承之，並衍生為極度悲觀之治期論，更證明呂氏春秋對漢代思想的重大影響力。

第三節　賈誼

一、略傳及著述

　　賈誼，洛陽人，生於西漢文帝十一年，少通諸子百家文書，年十八即因才名被河南吳公召為門下。二十多歲時被文帝召為博士，深得文帝喜愛，一歲中超遷至太中大夫。他認為「漢興二十餘年，天下和洽，宜當改正朔，易服色，法制度，定官名，興禮樂」（漢書，卷四八，本傳）並草具辦法，建議文帝盡改漢初所沿襲的秦制及遣列侯就國，而引起當時元勳的不滿，結果被外放為長沙王太傅。一年多後，被召還，改拜為文帝幼子梁懷王太傅，且數以國事垂詢，賈誼乃上其著名的治安策，並一再上疏力主削諸侯王的領地。後數年，梁懷王不慎墜馬死，賈誼竟鬱鬱以終，年僅三十三。

　　賈誼的著述，依漢書藝文志所載，共五十八篇。今所傳之新書，共十卷，五十六篇，因問孝一篇僅存其目，故實得五十五篇。自宋以

後，若干學者懷疑此書非賈誼所作，然近代學者多主張此書雖非全爲賈誼所作，但亦不全僞，仍可做研究賈誼思想之依據。

二、尊君

　　賈誼的政治思想有其理想之一面，亦有其重現實之一面。就其重現實面而言，當時漢室的處境爲「匈奴彊，侵邊；天下初定，制度疏闊，諸侯王僭儗，地過古制，淮南、濟北王皆爲逆誅。」（同上）因此，在對外方面，賈誼極力反對沿用漢初和親及妥協政策，他認爲這種作法實乃「足反居上，首顧居下，倒懸如此。」（同上）並提出「建三表、設五餌，與單于爭其民」之策，要「係單于之頸而制其命」。文帝雖未採納他的辦法，但其後，「文帝中年，赫然發憤，遂躬戎服，親御鞍馬，從六郡良家材力之士，馳射上林，講習戰陣。」卻是深受賈誼影響的。對內方面，賈誼對當時漢室諸侯王之封地「多者百餘城，少者乃三四十縣」（同上）的情形，及文帝對他們僭越逾制的寬容，是深表不滿的。因此而提出君權獨攬、求富國強兵天下得治的尊君主張。此治：

「天子者，天下之首，……蠻夷者，天下之足。……主之尊，譬如堂，群臣如陛，眾庶如地。」（同上）

爲了使君勢得尊，賈誼乃有削藩之見，他說：

「本細末大，弛必至心，時乎時乎，可痛惜者，此也。」（新書大都篇）

「欲天下之治安，天子之無憂，莫如眾建諸侯而少其力，力少則易使以義，國小則無邪心。」（藩彊篇）

「權力不足以徼倖，勢不足以行逆，故無驕心，無邪行，奉
法畏令，聽從必順，長生安樂，而無上下相疑之禍。」（藩
傷篇）

　　但究竟如何「眾建諸侯而少其力」呢？賈誼曾說「欲諸王之皆忠
附，則莫若令如長沙王」及「長沙王迺在二萬五千戶耳」，言下之意似
乎要以長沙王所封之地為最高限額而「割地定制」，將各諸侯王現有土
地分為若干國，使其「子孫畢以次各受祖之分地，地盡而止」。他認為
這樣一來，數世之後諸侯王之封地自然縮小，不足為患。而在「不無倍
畔之心，上無誅伐之志」的情形下，收「臥赤子天下之上而安植遺腹，
朝委裘而天下不亂，當時大治，後世誦聖，一動而五業附」的良效。賈
誼生前，文帝雖未採行其見，但後來文、景二帝確都依其見而行削藩之
實。

　　為了尊君，除上述削藩之策外，賈誼更主張嚴等級之分，使上下
尊卑有別，天子稱尊。此如：

「高者難攀，卑者易陵，理勢然也。故古者聖王制為等列，
內有公卿、大夫、士，外有公、侯、伯、子、男，然後有官
師、小吏，延及庶人，等級分明，而天下加焉，故其尊不可
及也。」（階級篇）
「等級無限，是謂爭尊……是以等級分明，則下不得疑……
尊卑已著，上下已分，則人倫法矣。於是主之與臣，若日之
與星，以臣不幾可以疑主，賤不幾可以冒貴。下不凌等則上
位尊，臣不踰級則主位安，謹首倫紀，則亂無由生。」（服
疑篇）

上所言與法家尊君之論相去無幾，此固為賈誼面對其現實處境所揭之見解，但亦可知漢初諸家學說互相爭勝，學者相互參引之證。而後儒一改先秦儒家之說，逐漸引申所謂「三綱五常」之說，於此也見端倪矣。

三、民本

賈誼政治思想就其理想面而言，則為力主民本。因為尊君雖為現實之必然，但賈誼絕非無條件之尊君，他在深入觀察秦政這個歷史上首次出現的大一統專制政治型態後，藉由對秦苛政的批評，表達出他政治思想的理想面。他對秦政的批評可以「仁義不施，而攻守之勢異」（過秦上）為代表，而強調：「是以君子為國，觀之上古，驗之當世，參之人事，察盛衰之理，審權勢之宜，去就有序，變化因時，故曠日長久而社稷安矣。」（過秦下）換言之，「秦王懷貪鄙之心……廢王道，立私權，禁文書而酷刑法，先詐力而後仁義，以暴虐為天下始。」卻不知「取與守不同術也」（過秦中）。這表示，所謂攻守勢異、取守不同術，意指天下穩固另有其基本要求，不可存任暴力。賈誼認為此一基本要求即為民本，此如：

「聞之於政也，民無不為本也。國以為本，君以為本，吏以為本……此之謂民無不為本也。聞之於政也，民無不為命也，國以為命，君以為命，吏以為命。故國以民為存亡，君以民為盲明，吏以民為賢不肖，此之謂民無不為命也。聞之於政也，民無不為功也。故國以為功，君以為功，吏以為功，國以民為興壞，君以民為強弱，吏以民為能不能，此之

謂民無不為功也。」（大政上）

此即國家的治亂安危，強弱存亡，以及君王與官吏的威侮盲明，貴賤賢不肖，全由人民來決定。因此，賈誼的尊君雖係指君權獨攬的君為天下治亂之所繫，但君王所定之政策及任用之官吏，概係以治理人民為目的，那麼政策是否得當，官吏是否賢能，則應視是否合乎人民之需要。這一點才是國家治亂安危強弱存亡的最基本因素，亦及他倡民本的根本原因。故賈誼又說：

> 「夫菑與福也，非降在天也，必在士民也……夫士民之志不可不要也……故夫民者，至賤而不可簡也，至愚而不可欺也，故自古至於今，與民為仇者，有遲有速，而民必勝之……故紂自謂天王也，桀自謂天子也，已滅之後，民以相罵也，以此觀之，則位不足以為尊，而號不足以為榮矣。故君子之貴也，士民貴之，故謂之貴。故君子之富也，士民樂之，故謂之富也，故君子之貴也，與民以福，故士民貴之。故君子之富也，與民以財，故士民樂之。」（大政上）

總之，在名分上賈誼雖承認君王地位至尊，但實際上因肯定政治目的係為人民，而說人民才是決定君王名號與地位者，此如：

> 「湯放桀，武王伐紂，此天下之所同聞也。為人臣而放其君，為人下而弒其上，天下之至逆也，而所以有天下者，以為天下開利除害，以義繼之也。故聲名稱於天而傳於後世。」（立後義）

「吾聞之於政也曰，天下壙壙然，一人有之，萬民藂，一人

理之。故天下者，非一家之有也，有道者之有也。」（脩政
語下）

由此益發可見，賈誼尊君論主要爲針對漢室當時情勢而發，目的
在謀國家的安定、統一與強大。但其民本說，則爲矯秦政之失，以申政
治在爲人民謀福之理想。此實爲賈誼政治思想之主要精神。

第四節　董仲舒

一、董仲舒思想大要

董仲舒，西漢人，其生卒年月，漢書本傳未言及，據學者研究，
約爲漢文帝元年（西元前一七九年），至武帝太初元年（西元前一〇四
年）。

仲舒所著書，見漢書藝文志者有董仲舒百二十三篇，公羊董仲舒
治獄十六篇。今傳春秋繁露八十六篇，其書雖非仲舒所訂，然其書要能
代表其思想，似無可疑。其中天人三策爲董子專門關於政治之著作，與
賈誼之治安策，前後相映。漢志引董子爲儒家，通說以董子爲兩漢儒學
之代表人物，蓋仲舒少治春秋，其所著，皆明經術之意，然董仲舒實儒
而兼陰陽者也。陰陽家爲先秦九流十家之一，其說盛於鄒衍，今者文獻
缺失，不能詳考其內容，要言之，「稱引天地剖判以來，五德轉移，治
各有宜，而符應若茲」。爲通貫古今之一種歷史哲學、宇宙哲學，然
「其歸必止乎仁義節儉，君臣上下六親之施」，與儒有相通之處。及至董

仲舒，陰陽五行與儒術，益交織而不可分。篠以天權限制君權，治防君主
專制之流弊。然及其末流，天命腐化爲圖 讖緯，災異爲符瑞受命所取
代，成爲皇帝自我保護或濫權之妄論，與姦雄篡竊之藉口，俗儒復取爲
逢迎之憑資，斯則非仲舒始料所及也。

二、天人關係與君權天授說

　　董仲舒之政治思想源於其天人相關之哲學思想。董子謂一切事物
皆有本源，謂之元，而天下萬物之本原則爲天，元與天殆爲一事而兩
名，就其抽象之原理言謂之元，就其具體之運用言謂之天。

> 「謂一、元者，大始也。……元，猶原也，……故元者為萬
> 物之本。」（春秋繁露玉英）
> 「天者，萬物之本，萬物非天不生。」（春秋繁露順命）

　　謂一爲元，則萬物之本原只有一個，天是也。然天於一之中，又
含有兩種相反之傾向。故元分之則爲天地、陰陽也（天地之天，係對地
而言，乃物質之天）。陰陽消長流動，乃有四時變化；四時復發展爲
木、火、土、金、水五行，凡此天地、陰陽、五行、與人合而爲自然界
之全體，構成宇宙間架。此自然界之全體，董子仍以「天」名之，此
如：

> 「天之常道，相反之物也，不得兩起，故謂之一，一而不
> 二，天之行也。陰與陽，相反之物也，故或出入，或左或
> 右，……并行而不同路，交會而各代理，此其文與？」（春
> 秋繁露天道無二）

「天地之氣，合而為一，分為陰陽，判為四時，列為五行，行者，行也，其行不同，故謂之五行，五行者，五官也，比相生而間相勝也。」（五行相生）

「天有五行，一曰木、二曰火、三曰土、四曰金、五曰水。」

而在此理論架構中，又以天、地、人為最重要者；故天人之關係最密切。蓋人之為人，皆本於天，人之形體性情皆上類天。夫人為天所生而又象天，則當敬奉上天者，實天人交感之樞紐。而天人關係之理論，遂變為天君關係之理論，而君亦於政治活動中居關鍵之地位矣，此如：

「古之造文者，三畫而連其中，謂之王；三畫者，天與人也；而連其中者，通其道也。取天地與人之中，以為貫而參通之，非王者孰能當是？」（王道通三）

「唯天子受命於天，天下受命於天子。」（為人者六）

「春秋之法，以人隨君，以君隨天。」（玉杯）

「聖人之道，同諸天地。」（基義）

「君人者，國之元，發生動作，萬物之樞機。」（立元神）

「人主於生殺之位，與天共持變化之勢。天地人主一也。」（王道通三）

然細按之，董子並無意化君主為絕對無限體，而係主張以君、以天為行事之法則。

「天、地、人，萬物之本也，天生之，地養之，人成之。」（立元神）

「以類合之，天人一也。」（陰陽義）

夫人為天所生而又象天，天為人之大鏡，人為天之縮圖，天行人事，符應不差，則人事自當上隨天道，而人間一切文化制度教育政治，也自當取象於天，不可違反天道。

「道之大原出於天。」（漢書董仲舒）
「事無大小，物無難易，反天之道無成者。」（官制無二）

天人間之關係雖極密切，然天道遠，非一般百姓所能體認，於是君主遂成為天人間之媒介，故君主為相對有限體，蓋君主尚須事天以孝，取象於天，秉承天意以從事，故君主之權力實以天意為根據，而並受其限制，與法家之倡絕對專制者大為不同。此如：

「受命之君，天意之所予，故號為天子，宜事天如父，事天以孝道也。」（深察名號）
「受人君者，其法取象於天。」（天地之行）

天既有意志，是其已將自然之天，轉變為人格性之天。而天意者又以愛利人民為意，故王者亦當以愛利人民為意，以安樂人民為事，乃致副天之所行以為政，俾與陰陽四時五行相應。

「天常以愛利為意，以養長為事，春秋冬夏，皆其用也。王者亦常以愛利天下為意，以安樂一世為事，好惡喜怒而備用也。」（王道通三）
「聖人副天之所行以為政，……故曰：王者配天。」（四時之副）

在這種基礎上，仲舒假神權以限君權，其限制之方法有二，一曰予奪國祚；二曰監督政事。前者爲革命之理論；後者爲災異警告之理論。依董氏之意，君位之得失，政權之轉移，悉憑天意，而天之予奪，悉視君主之有德與否以爲斷，有德者，則天示以符命，君有受命之符而得天下。有惡者，則天假手於人以行征誅。而德與惡之標準，依君主之安樂或殘害人民而定。夫君位由天予奪，有惡可行征誅，則人主雖尊，不能自恣，其權力應有所限制也，此即其因應當時環境不得已之言也。故云：

「天命無常，唯德是慶。」（三代改制質文）

「且天之生民，非爲王也，而天立王，以爲民也。故其德足以安樂民者，天予之；其惡足以賊害民者，天奪之。詩云：殷王虞敏，裸將於京，侯服於周，天命靡常。言天之無常予、無常奪也。……王者，天之所予也；其所伐，皆天之所奪也。」（堯舜不擅移，湯武不專殺）

「故夏無道而殷伐之，殷無道而周伐之，周無道而秦伐之，秦無道而漢伐之，有道伐無道，此天理也。」（堯舜不擅移）

三、對董氏君權天授說的評論

董仲舒的君權天授說，毫無疑問是採擷了陰陽家的「感應」理論，而將王者受命的思想發展成一大系統，並使儒家思想自「人」本位轉而趨向於「天」本位。他認爲宇宙萬物莫不有其來源，而人的本源爲天。他指出：（1）人懷胎的月數，與天數相合。（2）人的形體結構，舉動情操，也與天數、天象相副。（3）人的道德、六欲，亦與天理天

時相當，所以「以類合一，天人一也。」而人在天地之間的地位，又獨貴於萬物，簡直是與天地同參，而爲萬物之本。人之所以能與天地流通，而往來相應，乃全因人與天相類，而以類相應，以類相召，也因此人世的治亂，乃能與天地相應。

他的天人學說，從天人相類而感應，再轉而變成天爲人立王，天子受命以爲君。而天之受命乃非人力所能致而自至的符瑞表示之。君位既係天授，君主乃得「天佑而子之，號稱天子。」（春秋繁露，三代改制質文第二十三）因此，一方面君主如不能仰承天意，其德不足以安樂人民，「其惡足以賊害民者，則天奪之。」另一方面，君主必須自知「受命之君，天意之所予也，故宜事天如父，事天以孝道也。」否則必爲天之所棄，假手於人以奪其位，因此他終於走上了贊成暴君放伐的途徑。不過，他又提出君心民體，民從君好的說法，認爲「春秋之法，以人隨君，以君隨天。」表面上看起來兩者似有矛盾，但往深處追究，便可發現其間並無扞格。蓋他雖主張屈民以伸君，但眞正用心在使「民知所去就，然後可以致治。」亦即他所以主張屈民以伸君，其最終目的並非爲君主著想，而係爲人民期求安樂。他之主張從君好亦然。他所說之：「君命順則民有順命，君命逆則民有逆命。」即爲明證。也就是說，董仲舒認爲人民應服從君主，並非無條件的絕對服從，而係要求他們服從君主合理的命令，假如君主的命令不合理或足以賊害人民時，人民即可拒絕服從，甚至起而將君主放伐。

董仲舒之所以提出君權神授與屈民以伸君的主張，實屬在當時實際政治情況下一種不得已的設計。因爲當君主集權政治已接近徹底完成，面對內多欲而又一心企求向外擴展的漢武帝，在法不能拘束君主，人不能制肘君主，君主不受任何限制之時，只有求助於皇天了。董氏主

張君權神授，表面看來似乎是替君主的至高無上的神權學說找出了堅強的根據，但實際上他是要把權力無限的君主置於有好惡的天的指揮監督之下，使其必須上體天心，不敢隨便以其個人意志為意志，不敢以其個人好惡為好惡。經過這種轉折，君位與君權的至高無上性便不露痕跡地被否定了。於是他才能呼籲「天之生民，非為王也，而天之立王，以為民也。」儒家貴民或民本精神便可在這種轉折的情形下得以繼續發皇。不論此種設計或理論的實際效果如何，我們都不該抹殺董仲舒這一番為民請命的心意。

第五節　淮南子

一、淮南子傳略

淮南子即淮南王劉安，乃漢高祖少子淮南厲王長之長子。

淮南子一書，原名鴻烈，有二十一篇，據史乘所載：「南嘗招致賓客方術之士數千人，作為內書二十一節，外書甚眾，又有中篇八卷，言神仙黃白之術；亦二十餘萬言。」由於此書係成於眾手，故思想駁雜，要言之，乃以老子學說為依據，而雜取儒、法、陰陽各家之說。觀其謂「百家之言，指奏相反，其合道一也。」可知其確以折衷諸子自任也。

二、清靜無爲政治觀

　　淮南子一書係以對「道」的各種至德，即清靜、無爲、柔弱等思想的體認，來建立宇宙人生觀與政治觀。而其政治觀亦可以「清靜無爲」四字爲代表。

　　欲明白淮南子清靜無爲政治觀，須先了解其對原始自然社會的描繪，此即：

> 「古者民童蒙不知東西，貌不羨乎情，而言不溢乎行，其衣
> 致媛而無文，其兵戈銖而無刃，其歌樂而無轉，其哭哀而無
> 聲，鑿井而飲，耕田而食，無所施其美，亦不求得，親戚不
> 相毀譽，朋友不相怨德。」（齊俗訓）
> 「古之人有處混冥之中，神氣不蕩於外，萬物恬漠以愉靜，
> ……當此之時，萬民猖狂，不知東西，含哺而遊，鼓腹而
> 熙，交被天和，食於地德，不以曲故，是非相尤，茫茫沈
> 沈，是謂大治。」（俶真訓）

　　這與老莊之推想原始社會爲自然純眞，素樸無欲的理想社會是相同的。由這一種假定，亦才有清靜無爲政治觀可言。然自然至善社會又無法永保，迨及人衆財寡之後，人欲不能滿足，乃有作僞爭亂之事，此如：

> 「古之人同氣於天地，與一世而優游。……逮至衰世，人衆
> 財寡，事力勞而養不足，於是忿爭生。」（本經訓）

此固見自然理想社會之假設經不起考驗，然淮南子仍本諸老子「樸散則爲器，聖人用之則爲官長」之論，指出政治活動及設立君長有止亂致治之效，此如：

「人有衣食之情而物弗能足也，故群居雜處，分不均，求不
贍，則爭，爭則強脅弱而勇侵怯。人無筋骨之強，爪牙之
利，故割革而為甲，鑠鐵而為刃，貪味饕餮之人，殘賊天
下，萬人搔動，莫寧其所，有聖人勃然而起，乃討強暴，平
亂世，夷險除穢，以濁為清，以危為寧。」（兵略訓）

這表示由無君長至有君長乃不得已之必然之事，然淮南子仍緊守清靜無爲四字，對君王進言曰：

「立君以一民，君執一則治，無常則亂。君道者，非所以為
也，所以無為也。」（詮言訓）
「聖王在上，廓然無形，寂然無聲，官府若無事，朝廷若無
人。」（秦族訓）

所謂無爲，在淮南子一書中，並非不作爲，而是要適應外在環境，凡事力求自然發展，不得已之時才加以改變。此如：

「所謂無為者，不先物為也。所謂無不為者，因物之所為。
所謂無治者，不易自然也。所謂無不治者，因物之相然
也。」（原道訓）
「若吾所謂無為者，私志不得入公道，嗜欲不得枉正術，循
理而舉事，因資而立功，推自然之勢，而曲故不得容者。事

成而身弗伐，功立而名弗有。非謂其感而不應，攻而不動
者，若夫以火熯井，以淮灌山，此用己而背自然，故謂之有
為。」（脩務訓）

由上可知，淮南子清靜無為政治觀大體可分為尚簡約反苛繁及貴
自然兩方面。這是因為崇尚清靜，當然就尚簡反苛，故有：

「治國之道，上無苛令，官無繁治。」（齊俗訓）

「夫聖人者，……黜讒佞之端，息巧辯之說，除刻削之法，
去煩苛之事，屏流言之跡，塞朋黨之門，消知能，脩太常，
隳肢體，黜聰明，大通混冥。」（覽冥訓）

「水濁則魚噞，政苛則民亂。」（繆稱訓）

但是，尚簡反苛仍須有所為，就必須有為而言，淮南子才強調貴
自然之無為，此如：

「聖人之治天下，非易民性也，拊循其所有而滌蕩之故因則
大，化則細矣。」（泰族訓）

「欲知天道察其數，欲知地道物其樹，欲知人道從其欲。勿
驚勿駭，萬物將自理；勿撓勿攖，萬物將自清。察一曲者，
不可與言化，審一時者，不可與言大。」（繆稱訓）

這還是表示自然無為首在適應外在環境及外物本性。因此，淮南
子一書所謂的「無為」，實際上係極力把無為與有為相調和，故而把現
實該做之「水之用舟，沙之用鳩，泥之用輴，山之用虆，夏瀆而多陂，
因高為田，因下為池」，都視為「無為」和「不易自然」，只把「以火熯

井，以淮環山」這一類荒謬行爲當成「用己而背自然」的「有爲」和「以人易天」，這種「有爲」當然是不能接受的。然此外之「有爲」則與「無爲」是不相矛盾的了。

此外，在治術方面，淮南子則大致主張：

1.崇仁義：「國之所以存者，仁義是也。」（主術訓）
2.重教化：「馬……其可駕御，教之所爲也。」（脩務訓）
3.重機祥：「天下之怪物，聖人之所獨見，利害之反覆，知者之所獨明達也……夫見不可布於海內，聞不可明於百姓，是故因鬼神機祥，而爲之立禁。」（氾論訓）
4.立法度：「先王之法籍，非所作也，其所因也。」（齊俗訓）
5.務農業：「食者民之本也。……是故人君者，上因天時，下盡地財，中用人力，……教民養育六畜，以時種樹，務脩田疇，滋植桑麻，肥饒高下，各因其宜。」（主術訓）
6.勵儉省：「夫雕琢刻鏤，傷農事者也。錦繡纂組，害女工者也。農事廢，女工傷，則飢之本而寒之原也。」（齊俗訓）

這裏所言正表示淮南子一書乃湊合儒墨法陰陽農諸家思想而成者，確係雜家之書也。

最後，尚須一言者，乃該書對命運極爲重視，有云：

「卻人之爲，天成之。終身爲善，非天不行。終身爲不善，非天不亡。故善否我也，禍福非我也，故君子順其在己者而

已矣。……求之有道，得之在命，故君子能為善，而不能必
得其福，不忍為非，而未必能必免其禍。」（繆稱訓）

　　儒家本即以剛健為雄的精神勉人在世上積極奮發，有知其不可而
為之及鳥獸不可與同群的感悟。而淮南子此處所言，卻轉為一種消極的
命運觀，逐漸影響漢代政治思想之趨於悲觀。西漢末年再經劉向、楊雄
二人的發揮演生，迨及東漢遂有王充的國命說，以為不只是個人的成敗
禍福係以命為本，國家之盛衰存亡亦一本於命。於是，在東漢桓譚、王
符、崔實、荀悅等人的政治思想中，已表示對聖君賢相、歸仁化義等理
想的懷疑，仲長統時則更懷疑亂世之是否得救矣，漢儒論政由樂觀之轉
為悲觀亦開出魏晉政治思想之另一風貌也。

第十一章　魏晉政治思想

第一節　魏晉政治思想概述

　　漢亡後之三百餘年，爲道家政治思想盛行之時期。蓋儒法兩家之思想，均傾向於積極求治。當天下較爲太平之際，人心思治、仁義刑名之術，自較受人重視。儒學之消沉，在漢末即已開始。惟吾人所應注意者，儒家思想雖日趨於湮淪，而儒家傳統之觀念卻依舊爲朝士所沿用，甚至漢儒喜言之五德終始說也被引用。南北朝之禪代，多以之爲口實。北周宣帝之自比上天，殆爲天治思想之病態表現。至於北魏孝文帝太合九年之下詔均田，爲王莽元年以後所首見之最大田制改革。而太和二年詔訂婚制，宣武帝永平三年詔立醫館，皆是以儒術爲依據之積極政治。

　　在此儒學衰微期，僅有傅玄一人，不但力倡儒術，且從事著述，使傅子一書成爲晉代儒家之鉅作。

　　法家之政術，以魏武帝之提倡而暫行。桓範之世要論，應爲此潮流中之產物。然書已失傳，內容難考。蜀相諸葛亮「科教嚴明，賞罰必信」，應具法家之色彩，然著述不傳。清朱璘所編之諸葛丞相集爲拾摭之書，不可盡信。魏晉時代法家之顯學，僅此兩家，此外更無表現矣。

　　道家思想爲魏晉時代之主流，其勃興之始實可溯源於魏正始中何晏、王弼等之「祖述老莊、王衍之獎重王何」。蓋「衍累居顯職，後進之士莫不景慕仿效。選舉登朝，皆以爲稱首。矜高浮誕，遂成風俗焉」。（晉書卷四十三）兩晉時代，其勢轉盛。「有晉始自中朝，迄於江左，莫不崇飾華競，祖述玄虛。擯闕里之經典，習正始之餘論。指禮法爲流俗，日縱誕以清高。遂使憲章弛廢，名教頹廢」。（晉書卷九十

一）至於勃興之主要原因，似有四端：（1）老莊有重個人主義之傾向。每當政治崩壞社會解體之際，個人主義傾向自然趨於增長，漢末以來長久紛亂，使人失去對社會之信心。知識份子之失望與悲哀，更是深切。彼等既知兼善之無方，乃退求一己之安全與滿足。老莊之消極政治思想，重視個人主義之傾向，正合時代之心理需要，故一經推演，立成風尙。甚至失望之尤者或流於厭世，乃崇尙玄虛之說。（2）亂世公道不伸，個人易罹橫禍，老莊謙退之術，乃全身妙訣，故受到重視。（3）衰世之人對於傳說之社會制度，風俗思想，失其信仰，且易生反感。故對禮教之約束，則思有所解放，從而反對有爲政治之徒勞，倡無爲之思想。（4）佛教先已傳入中土，至魏晉而始盛。道家虛無之論，得釋家寂滅之說以相助，意義愈趨深邃，波瀾更爲壯闊。

是時道家思想綜括之似可分爲「無爲」與「無君」兩派：

一、無爲派

以時代之先後論，「無爲」思想之代表，當首推「清談」始祖之何晏、王弼。二家之思想皆秉承老子。何晏著書雖多，而思想已不能詳考。其論政之大旨，略見於景福殿賦所謂「除無用之官，省生事之放，絕流遁之繁禮，反民情之太素」皆不出道德經之範圍。王弼嘗注老子，爲何晏所稱許，其論人生，則主謙退，論政事則尙清靜，顯一本老學。誠如其所論之老子六十三章云「以無爲爲居，以不言爲教，以恬淡爲味，治之極也。」足以見其無政治思想之大意。王何之論，大致溫和，不如晉代諸家之純主虛無，態度激烈。

王何以外持無爲論者，尙有注莊子之向秀、郭象，注列子之張

湛，及被司馬詔所殺之稽康。向秀「雅好老莊之學」，曾於舊注外，爲
莊子解義，「發明奇趣，振起玄風。讀之者超然心悟，莫不自足一時。」
（晉書卷四十九向秀傳）故向秀之闡揚莊子，亦如王弼之有功於老學。
惟其書已佚。郭象取其內容，自成莊子注，流傳至今。向郭二氏之政治
思想可於此見其梗概。總言之，兩家以莊子之逍遙，爲人生之極致。然
向、郭二氏祇肯定政治，而不肯定有爲煩擾之政治。莊子注中隨處皆流
露放任主義之傾向，更特別反對專制政府。在宥注曰：「己與天下相因
而成者也。今以一人而專制天下，則天下塞矣。己豈通哉。故一身不成
而萬方有餘喪也。」這段話對有君無爲之思想，發揮的至爲明晰。

　　稽康觀魏之衰而無以救之，故表現出厭世之人生觀與消極政治
觀。其所著養生論，答難養生論，聲無哀樂論等篇。大要皆在運用老子
廢智寡慾方法，以達個人「意足」之境界。稽康無具體之政治思想，其
所謂「崇簡易之教」，則亦在發揮「無爲」之不干涉主義。

　　張湛則取佛經之寂滅，以附會道家之清靜。故列子注之哲學思想
與老莊二人皆不盡同。但仍不脫「黃老」之範圍。

二、無君派

　　上述諸子皆崇尚無爲而不否認政治之必要。阮籍、劉伶、陶潛、
鮑敬言、及列子之僞造者，則承莊子逍遙之旨而引伸之以爲無君之論。
其態度越悲觀，其言論越玄馳，其思想越消極，其行爲越放縱。政治之
價值，至此完全被顚覆。個人之自由，遂成爲絕對之價值，歐洲之無政
府主義，就理論而言，尚不如中國魏晉時代無君派、無治派思想之徹
底。

阮籍之思想，頗含憤世成分，蓋「籍本有濟世志」，以亂世不能行，乃鬱爲不平之意。疾世俗禮教之虛僞，故打破禮教。疾世俗君臣之徒勞，故主張廢棄君臣。籍嘗謂民之初生，相安於淳樸。「無君而庶物定，無臣而萬事理」。此後眞淳不保，制度乃起，而痛苦隨之。「君立而虐興，臣設而賊生，坐治禮法，束縛下民」，如此所言，則政治爲眾惡之源。這段話充分顯露其憤激之情。

劉伶與稽康友喜，其思想則近乎阮籍。史稱伶「放情肆志，常以細宇宙，齊萬物爲心」。（晉書卷四十九）酒德頌中之「大人先生」、「行無轍迹，居無室盧，幙天蓆地縱意所如」，其所表現者即爲嚮往絕對自由之理想生活。

陶潛自謂「羲皇上人」，其哲學思想，並不屬於老莊系統，而其政治思想，則略同魏晉之無君。桃花源記所描寫之境界，不僅合於老子「老死不相往來」之條件，也表達盡泯君治之用心。詩中「秋薰靡王稅」一語，足可做其思想之明證。然陶潛天性沖淡，故其無君思想亦出以溫婉美妙之辭，絕無鮑敬言用語之激烈。

鮑敬言之名，見抱朴子之詰鮑篇，生平不可考。如確有其人，疑當生於葛洪之前，或與之同世。據抱朴子所引，鮑氏思想之要點爲「古者無君，勝於今世」。蓋古無君臣之世，社會太平安樂，迨發生強者凌弱，眾者暴寡之現象，君臣之道乃起，從此也就有爭奪暴虐喪亂之禍。桀紂之性，縱極凶殘，如果本無政治制度，則二者並爲匹夫，豈能流毒天下。故「君臣既立，眾惡日滋」爲與阮籍略同之結論。此外，鮑氏偏舉暴君之罪惡，幾可作一篇討暴君檄文讀。雖未主張實際行動，其批判論調之激昂，實前所未有。

列子一書內容，較爲複雜，其無君之結論與上述諸人相似，而其

無君之論調亦大體出於縱慾之人生觀。

　　就上述諸人觀之，則晉代之無君論者，似有兩大重要流派：其一派，認定政治為有害，而主張君不可有。阮籍、鮑生是其代表。又一派，則認定個人已自足，乃主張君不必要。陶潛及列子中楊朱皆屬之。

　　魏晉老莊思想盛行，以今日之觀點論之，除了可說是先秦道家之另一流行高峰，亦可視為儒學中衰後之思想解放。這是因為晉代之個人主義中實包含「衝決網羅」，打破禮教之趨勢。蓋漢魏之世，名教既衰，日趨虛偽。加以漢末黨人，激揚清議，互相譏揣，勢必至於吹毛求疵，以禮法德行相律。桎梏日久，自生反動。老莊書中有薄禮貴真之言，晉人引申之，遂成其極端任情思想。何晏、王弼倡其風，劉伶、阮瞻、王澄、阮咸諸人承其緒，列子楊朱篇則大暢其旨，遂醞成空前之另一時代潮流。其蔓延甚廣，婦女且曾參與。然而矯枉過正，其流弊亦不小。自正始至太元，清談之流行已有一百五十年。社會與政治不安定之情形，並無具體之改善。且五胡亂華，中原失陷，南北分局，成中國空前之鉅變。於是當時人士，逐漸體悟清談足以誤國。桓溫入洛陽過淮泗之言謂：「遂使神州陸沉，百年邱墟，王夷甫諸人不得不任其責」。雖不盡合理，然亦代表風氣之轉變，與不滿者的反省批判聲音。其餘論者如孫盛，著老聃非大聖論，老子疑問反諷。范甯著論斥王何。故南渡以後，老莊漸衰。可是，就整體而言，迄隋唐統一以前，除傳統之儒家若干觀念尚流行於南北及有劉子新論一書，此兩百餘年，誠可謂政治思想為深受老莊影響時期。

第二節　王弼、稽康、向秀、郭象諸子思想大要

一、諸子傳略

（一）王弼

漢獻帝建安至魏齊王正始年間人，字輔嗣，幼而察慧，年十餘，好老氏，通辯能言。正始中，曹爽以弼補臺郎，弼在臺既淺，事功亦雅非所長，正始十年遇癘死亡，時年廿四。著有老子注二卷，周易注六卷，周易略例一卷，論語釋疑三卷及文集五卷，其注周易、釋論語，皆以道家思想爲依歸，未可列爲儒家也。

（二）稽康

稽康，字叔夜，魏文帝黃初至元帝景元年間人，有奇才，遠邁不群，所與神交者惟陳留阮籍、河內不濤；河內向秀、沛國劉伶等，遂爲竹林之遊，世稱竹林七賢也。其人恬靜寡慾，寬簡有大量。長好老莊，與魏宗室婚，拜中散大夫。因事繫獄，鍾會饞於司馬昭，遂遇害，將刑猶索瑟而歌，時元帝景元三年，年四十。所著稽中散集十五卷，今存十卷。

（三）向秀

向秀，字期，魏晉間人。清悟有遠識，少爲山濤所知，並與稽康

友善，稽康既死，秀欲免禍，事司馬昭，在朝不任職，客跡而已。秀雅好老莊之學。莊周注內外數十篇，秀乃為之隱解，發明奇趣，振起旋風，讀之者超心領悟，莫不自足一時。

（四）郭象

郭象，晉惠帝、懷帝時人，字子玄，少有才理，好老莊，能清言，太尉王衍每云，聽象理如懸河瀉水，注而不竭。後辟司徒椽，至黃門侍郎，東海王越引為太傅主簿，任職當權，永嘉末病卒。象為人行薄，以秀義不傳於世，遂竊以為己注，乃自注秋水、至樂兩篇，又易馬蹄一篇，其餘眾篇或點定文句而已。其後因秀義別本出，故今有向、郭兩莊，其義一也。

二、無為

無為之眞諦，非謂君長必辭卸尊位無所事事。而是說有天下者，治天下之大任，當委之百官，任官吏之知能以為治，不加干涉，則不僅君長本身之安樂可致，天下之治理亦可期。此如：

「夫治之由乎不治，為之出乎無為也。」（莊子注逍遙遊）

「雖有天下，皆寄之百官，委之萬物，而不與焉，斯非有人也。因民任物，而不役已，斯非見於人。」（莊子注逍遙遊）

「夫在上者患於不能無為，而代人臣之所司，使各鯀不得行其明斷，后稷不得移其播殖，則群才失其任，而主上困於役。」（莊子注天地）

「若乃主代臣事，臣秉主用，則非臣矣。故各司其任，而上

下咸得，而無為之理至矣。」（莊子注天道）

莊周原有「上必无爲而用天下，下必有爲爲天下用」之論，郭象承其意，力主君用臣，臣親事，上則用下，下則自用，此說初視頗似法家所力倡之君逸臣勞之說。惟細推其本意，乃著重君臣各司其職而已。從而若推其意於社會全體，則爲百官萬民皆當守之原則，如此，始合無爲之本旨。

再者，無爲之眞諦，在於政治上順道而行，以自然爲法，頗有放任之意味。

「萬物以自然為性，故可因而不可為也，可通而不可執也。」（老子注）
「道不違自然，乃得其性。法自然者，在方而法方，在圓而法圓，於自然無所違也。」（老子注）

倘能順應自然，放任人民，則物得其性，人人自在，群生自足。明乎此理，則爲政者當然不必任智能巧力以爲治。

「多智巧詐，故難治也，民之難治，已其多智也。……當務塞兑閉門，今無知無欲，而以智術動民治國，邪心既動，後以巧術防民之偽；民知其術防，隨而避之，思維巧密，奸偽益滋，故曰以智治國，國之賊也。」（老子注）

無爲之術，既在放任人民，讓人民各遂其性，則君主根本不必以個人之是非強加於人民。

「以己制物，則物失其真。」（莊子注應帝王）

「天下無曰我非也，即明天下之無非。無曰彼是也，即明天下之無是。無是無非，混而為一。」（莊子注德充符）

三、有君

　　老莊雖倡無為，然未嘗廢君臣之義，弼等守其師法，亦主有君之說，其立論之理由，乃謂君臣之立，由於自然，非出人為。

「君臣上下，手足外內，乃天理之自然，豈直人之所為哉？」（郭象莊子注）
君臣之立，不僅由於自然，更實有其需要，此與鮑敬言之認為有君為苦大不相同。「不以一人為主，不亂則散，故多賢不可以多君，無賢不可以無君，此天人之道，必至之宜。」（莊子注人間世）

　　不過，在他們心目中，君之行治道，仍是以「無為」為本。

「夫能令天下治，不治天下者也……故無形而與百姓共者，亦無往而不可為天下君矣。以此為君，若天之自高，實君之德也。」（莊子注逍遙遊）
「無心而任乎自化者，應為帝王也。」（莊子注應帝王）

　　故他們評政治之等第，還是本乎老子之教，以無為為上德之君，至於立善行教之儒家式君主，畏民以威之法家式君主，以智巧治國之君主，皆非其所認可。

「大人在上，居無為之事，行不言之教，萬物作焉而不為

始，故下知有之而已。其次，不能以無為居事、不言為教，立善行施，始下得覿而譽之也。其次，不復能以恩仁令物，而賴威權也；再次，不能以法正齊民，而以智治國，下知避之，其令不作，故曰悔之也。」（莊子注釋太上下知有之）。

如果問君道若在無為，又何必建立君長？向、郭有如下之辯解：

「天下若無明王，則莫能自得。今之自得，實明王之功也。然功在無為而還任天下，天下皆得自任，故似非明王之功。」（莊子注應帝王）。

四、摒棄仁義刑罰

君主既為應天下需要而產生，則自邏輯言，君主為克盡其救亂治世之天職，不可不有救亂治世之方，此法家用刑罰與儒家用仁義思想之所由生也。然王、郭等人卻秉持老莊之教，并刑罰仁義而訶斥之、抨擊之。

「若乃多其法網，煩其刑罰，塞其徑路，攻其幽宅，則萬物失其自然，百姓喪其手足，鳥亂於上，魚亂於下，故聖人不立刑名以檢於物也」。（老子注）。

「清淨無為謂之居，謙後不盈謂之生，離其清靜，行其燥欲，棄其謙後，任其威權，則物擾而民避，威不能復制民，民不能堪其威，則上下大潰矣。」（老子注）。

此外，自王弼、稽康觀之，儒家所主張的仁義乃道喪德失之後，

有爲之下德，亦不足以致治。

> 「下德求而得之，爲而成之，則立善以治物，故德名有焉。
> 求而得之，必有失焉；爲而成之，必有敗焉，善名生則不善
> 應焉。……凡不能無爲而爲之者，皆下德也，仁義禮節是
> 也。」（老子注）。

郭象之說，稍異於此，他認爲仁義原爲人之本性，本身並無缺
失。順性達情，則仁義亦爲人性之自我圓成，然如果係以政治力來提
倡，則必將有人損生傷性以殉仁義，乃至發生假仁假義之事，反而使仁
義成爲亂天下之工具。

> 「夫與物無傷者，非爲仁也，而仁迹行焉；令萬理皆當者，
> 非爲義也，而義功見焉，故當而無傷者，非仁義之招也，然
> 而天下奔馳，棄我殉彼，以失其常，故亂心不由於醜，而恆
> 在美色；撓事不出於惡，而恆由仁義，則仁義者撓天下之具
> 也。」（莊子注駢拇）。

第三節　葛洪

一、葛洪小傳

葛洪字稚川，別號抱朴子。少孤貧，好學甚篤。成帝咸和初司徒
王導召爲州主簿，遷諮議參軍。干寶荐洪才堪國史，選散騎常侍，領大

著作。以年老欲煉丹，固辭不就。隱於羅浮山，年八十一卒。所著抱朴子內篇廿卷，外篇五十卷，凡百十六篇。著述之豐，前所未有。

二、強調道本儒末之義

葛氏著抱朴子一書，其政治思想雖旨在於調和道儒二宗之說，但仍強調「道者儒之本也，儒者道之末也」。

> 「或問儒道之先後，抱朴子答曰：儒者道之末，道者儒之本也。……儒者薄而寡要，勞而少功……唯道家之教，使人精神專一，動合無形，包儒墨之善，總名法之要，與時遷移，應物變化，指約而易明，事少而功多，務在全大宗之朴，宗真正之源者……君臣易位者有矣，父子推刃者有矣，然後忠義制名於危國，孝子收譽於敗家，疾疫起而巫醫貴矣，道德喪而儒墨重矣。由此觀之，儒道之先後可得定矣。」（抱朴子內篇卷十）。

蓋葛洪生長於八王作亂之世，及其避南土，元明成帝之世，政局又多不安，此一情勢乃刺激葛洪欲調和儒道二家，而更願歸本於清靜自守的道家。

三、力主有君

葛洪比較古今社會，認為有君之時，人民生活實較無君之世為優，故駁斥鮑生無君之論為悖謬不可從。並曰：

「沖昧既闢,降濁升清……乾坤定位,上下以形。遠取諸物
則天尊地卑以著人倫之體,近取諸身則元首股肱以表君臣之
序。」(詰鮑篇)。

其次,又主張立君於人有利,故曰:「聖人之作,受命自天……
備物教用,去害興利,百姓欣戴,奉而尊之。君臣之道於是乎生。安有
詐愚凌弱之理。」(詰鮑篇)

再者葛洪以為無君論者誤認上世清平,遂欲廢除君臣之道。此實
毫無根據之論,他說:

「夫有欲之性萌於受氣之初,厚己之情著於成形之日,賊殺
兼併起於自然。必也不亂,其理何居。」(詰鮑篇)

「夫上世之人既相殘殺,則必有君才能得治。「若人與人爭
草萊之利,家與家訟巢窟之地。上無治枉之官,下有重類之
黨,則私鬥過於公戰,木石銳於干戈。交屍布野,流血絳
路,久而無君,瞧類盡矣。」(詰鮑篇)。

葛洪有君之論,與阮籍相反而與王弼、郭象相近。這是因為自王
弼至葛洪的百年間,道家政治思想由老入莊,已因情勢改變而復轉於
老。其與郭王不同處,則在王郭重君身之「道德」,葛洪則尊君位。

「廢立之爭,小順大逆,不可長也。」(抱朴子外篇十二)。

「夫君,天也,父也,君而可廢,則天亦可改,父亦可易
也。」(抱朴子外篇十二任能)。

「春秋之意,天不可讎。大聖著經,資父事君,民生有三,
奉之如一。而許廢立之事,開不道之端。下凌上替,難以馴

矣。」（抱朴子外篇十二任能）

葛洪之所以有這些論點，殆以深有感於魏晉權臣之跋扈，君勢之微弱，故思有以矯之。

同時，郭象雖嘗謂「仁義自是人性，但當任之」（莊子注駢拇），但並不主張維持名教。葛洪卻因不滿晉人之放蕩，乃依傳統儒家禮法之根據，抨擊當時社會中世大夫及婦女之偏頗言行，態度非常嚴厲。

四、人主應先正其身與得賢才以資輔助

君臣之道既已存在，則「君人者必修諸己，以先四海」（抱朴子外篇卷五君道）。此即儒家欲人君先正其身之說也。不過單是提倡君身得正並不足以治天下，故曰：「萬機不可以獨統，曲碎不可以親德」。（抱朴子外篇審舉）是故，更應求賢以輔佐之。此有：

「夫有唐所以巍巍，重華所以恭已，西伯所以三分，姬發所以一匡，漢高所以應天，未有不致群賢為六翮，托豪傑為舟楫者也。」（抱朴子外篇嘉遯）。

再者，「舍輕艘而涉無涯者，不見其必濟也。無良輔，而羨隆年，未聞其有成。……故招賢用才者，人主之要務也。」（同上，外篇貴賢）。

蓋「士可以嘉道而無憂，君不可以無臣而致治。是以傅說、呂尚不汲汲於聞達者，道德備而輕王公也，而殷高周文乃夢想乎得賢者，建洪勳必須良佐也。」（同上外篇貴賢）。

至於如何用賢？葛洪主張「鑿其事而試其用，聽其言而謀其實。」

（同上外篇廣譬）。

五、勵行禁令

人主在正其身，與求賢以爲輔助之外，還需勵行禁令才能使天下得治。

「亡國非無令也，患於令煩而不行，敗軍非無禁也，患於禁設而不止。」（抱朴子外篇用刑）。

欲令行禁止，須恃刑罰獎賞。故曰：「賞貴當功而不必重，罰貴得罪而不必酷也。」（同上外篇用刑）。

「夫以其所喪，禁其所翫，竣而不犯，全民之術也。」（同上）。

「善為政者不曲法以行惠，必有罪而無赦」（同上）。

葛洪後力主「殺貴大，賞貴小」，蓋「二儀不能廢春秋以成歲，明主不能舍刑德以致治。故誅貴以立威，賞善所以勸善。罰上達則姦萌破……。惠下逮，則遠人懷，而邦儉吝所能辦也。」（抱朴子外篇廣譬）。

總之，後儒多因孔子有「道之以政，齊之以刑，民免而無恥。」（論語為政）之語，而反對刑罰。可是葛洪卻謂「爵人於朝，刑人於市，有自來。」（同上外篇用刑）蓋因「務寬含垢之政可以蒞敦御朴，而不可以拯衰弊之變也。」（同上外篇審舉）。表示他在目睹亂世之後，轉而有重刑罰以補衰救弊也。

第十二章　唐代政治思想

第一節　唐代政治思想概述

　　大體而言，隋及盛唐，儒家思想復占優勢，佛教與道教雖勢力亦盛大，然二者為宗教之信仰，與政治思想並無直接之關係。貞觀，開元時之朝廷政事，君臣言論，是以儒學為本。太宗與十八學士討論經義，尤開重儒之風氣。此後取士用人，雖諸科並列，而特崇儒學。且盛唐疆域之廣，聲威之遠，法制之備，文化之盛，除漢代之外均不能相擬。中國成為一兼統夷夏之帝國，儒家有為之積極求治思想勢必流行，天寶亂後，漸露衰兆。中唐以降，政事日非，禍亂迭起，故抗議專制之無君思想再起。因此，晚唐五代政治思想殆為與晉代相似。

　　隋唐儒家之宗師，應首推王通、皮日休及司空圖。文中子碑謂唐初李靖、魏徵、杜如晦、房玄齡等名臣均出王通之門。王通之論政，以帝制為理想，以王道為典則，不足以言創新。至於輔佐德宗中興之陸贄，則為儒學之實行家，其思想不出傳統儒學範圍。這表示，唐代儒術雖盛，然已發展定型，宋葉適謂唐代「上經語孟，舉世皆習。其魁偉俊秀者乃去而從佛老之玩。」實為說明唐代思想大勢之代表。唐代儒家政治思想較重要者，僅韓愈、柳宗元、林慎思等數人。 以思想內容論，韓柳近荀子之尊君，林則倡孟子之貴民。三人思想之差別，以生長時代來分析，韓柳生於德宗中興之後，已衰而未大亂之前。林慎思死於黃巢之亂，唐亡二十七年之前。故而韓愈乃以反駁佛道虛無之思想為主旨。謂聖人之道不過飲食男女，君臣之義，其要在君治民奉。唐代擁護專制政治之思想，當以韓愈之說為最澈底。柳宗元由判訟息爭，而論政治之

源起與政治組織之變化，其說頗爲新穎。觀其不滿苛政之說，亦可見其思想有孟學之成分，爲居韓、林之間的政治思想家。林愼思之著述則純爲大亂之後傷世之作品。

再者，唐以姓李而尊老子，以老莊列文取士。天子自爲教主。原初之用意或在用道以抗佛。然儒學亦受影響。白居易「將應制舉，揣摩時事」，作策林數十首，道家之言幾占其半，可見唐代之學風矣。然而眞正有可觀思想者，亦僅元結、旡能子、譚峭三人。元結少著元子，推重清靜無爲之政，代表傳統之老學。旡能子則有無君之論，謂人與萬物，同爲一旡。人物縱死，其旡常存。然則天下雖亂，無所用其拯救。又謂「中國天子之貴，不過在十分天下一二分中，征伐戰爭之內，自尊者爾」。如此蔑視君主之言，可謂空前創見。譚峭化書則爲五代道家之唯一代表。譚子以「無爲」爲政治最高理想，每下愈況，退而爲仁、食、儉之政治。所謂「仁化」，近乎孟子仁政同樂之旨。至於化書最特殊部份，爲其「食化」、「儉化」之說。巫像篇謂「自天子至於庶人，曁乎萬族，皆可以食而通之」。此種沉痛無奈之「唯食」，實唐末人民苦況之反顯。

除儒道兩家外尙有屬於雜家之趙蕤、羅隱二人。趙蕤有長短經，兼採儒法黃老之言。羅隱著兩同書及讒書，調和儒道，其態度略似劉子新論。[1]

第二節 陸贄

一、陸贄略傳

陸贄字敬輿，吳郡人，年十八，進士及第。中博學宏辭。繼以書判拔萃，未幾遷翰林學士，及員外郎。裴延齡判度支天下嫉怨而獨幸於天子，贄言其短，延齡恨之，乃於德宗前中傷之，由是貶為忠州別駕。贄居中三十餘年，常閉門不出入，年五十二，卒於中州。

二、反對天命論主張民本

陸贄認為國家之盛衰治亂，由於人為，非出於天命。故曰：「德惟一，動罔不吉；德二三，動罔不凶。惟吉凶不僭在人，惟天降災祥在德。」（宣公奏議）又說：

「天難諶，命靡常。常厥德，保厥位，厥德靡常，九有以亡。」（同上書）

天命既不可恃，則唯有以得人心為求治之根本，這種思想也可說傳承了儒家政治理想。此如：

「人者邦之本也；財者，人之心也；兵者；財之蠹也。其心傷則其本傷，其本傷則枝幹顛瘁，而根柢蹶拔矣。」（同上

書）

三、重視民情

陸贄認爲治國之本在得民心，而得人心之法，又在執政者沒有私心，能與人民同其好惡。故君主對於民情尤應注重：

> 「夫君天下者，必以天下之心爲心，而不私其心；以天下之耳目爲耳目，而不私其耳目。故能通天下之志，盡天下之情。以天下之心爲心，則我之好惡，乃天下之好惡，安在私託腹心以售其側媚也；以天下之耳目爲耳目，則天下之聰明，皆吾之聰明，安在偏寄耳目以招其蔽惑哉。」（論裴延齡姦蠹書）

四、主張強幹弱枝

陸贄所處之時代類似西漢賈誼、晁錯之時代，內有方鎮作亂，而外復受吐蕃、回紇之侵凌。因此，他主張強幹弱枝以因應亂局。

> 「王畿者四方之本也，京邑者，又王畿之本也，其勢當令京邑如身，王畿如臂，四方如指，故用則不悖，處則不危，斯乃居重馭輕，天子之大權也，非獨爲御諸夏而已，抑又有鎮撫戎狄之術焉。」（陸宣公集卷十一論關中事宜狀）

其所以如此者，蓋「豪勇之在關中者，與籍於營衛不殊；車乘之

在關中者，與列於廄牧不殊；財用之在關中者，與貯於帑藏不殊，有急而須，一朝可聚」（同上書）之故。[2]

第三節　韓愈

一、韓愈略傳

　　韓愈，字退之。河內南陽人。生三歲而孤。愈幼發憤好學，通六經百家，擢進士第。德宗時，累官至刑部侍郎。以諫憲宗迎佛骨，貶潮州刺史。移袁州，旋召還，拜國子祭酒。穆宗時，以吏部侍郎卒官。著有文集四十卷，又外集十卷。愈以排斥佛老為己任，為文一掃魏晉以來浮華之弊，而返之周漢。為後世學古文者之正宗。至於其政治思想則不足代表孔孟之正宗。

二、推行保育政策

　　韓愈之政治思想僅略發抒於原道篇。主張國家對於人民應有保育之責，而人民對於國家則有絕對服從與納稅之義務。

　　「古之時，人之害多矣。有聖人者立，然後教之以相生相養之道。為之君，為之師，驅其虫蛇禽獸，而處之中土，寒然後為之衣，飢然後為之食，木處而顛，士處而病也，然後為之宮室，為之工以贍其器用，為之賈以通其有無，為之醫藥以

濟其夭死……為之政以率其怠倦……害至而為之備，患生而
為之防。」（原道篇）

　　儒家之政治思想，原本多有主張保育政策者，而愈依據儒家固有
傳統而有此主張。此外復強調聖人克盡保育責任之重要性：「如古今無
聖人，人之類滅久矣。何也？無羽毛鱗介以居寒熱也，無瓜牙以爭食
也。」（原道篇）

　　可見，他認為古代之聖人，之所以為君為師，端在於以保育人民
為職志。

三、尊君抑民

　　韓愈認為在原始社會，人民不可能有自生自治之能力，必須等待
君長之教養。故君長者，殆為滿足人民生養之需要而起者也。

　　「有聖人者之，然後教之以相生養之道。」（原道篇）

　　君主之重要，又不僅限於初民始生之時。韓愈本乎荀卿「君者善
群者也」（荀子王制篇）及「百姓之力待之而後功」（荀子富國篇）之
說，謂君者所以理民之生，從而分官設職治理萬民，人民則從事生產事
業以事上。

　　「故君者，理我所以生者也，而有官者，承君之化者也。任
　　有大小，惟其所能。」（圬者王承福傳）
　　「是故君者出令者也，臣者行君令而致民者也，民者粟米絲
　　麻，作器皿通貨財以事其上者也。」（原道篇）

　　其論政治社會之分工合作，大致與孟學無殊。所不同者，孟子言君長有保民養民之職責，暗示君失職當可去之；而退之獨謂臣民失職當誅，於君之失職則僅謂其「失其所以爲君」，而不加以罪責，斯則流於君主專制，與孟學大相逕庭矣。[3]

　　「君不出則失其所以爲君；臣不行君之令而致之民，民不出
　　粟布麻絲、作器皿，通貨財以事其上則誅。」（原道篇）

　　總之，韓愈既認定初民時代災害甚多，而人民又缺乏自生自力與自謀幸福之能力，需待君長生之，養之，教之。則君長者乃全體社會幸福之泉源，允宜爲整個社會之主宰，位尊權大，理所當然。[4]

第四節　柳宗元

一、柳宗元略傳

　　柳宗元字子厚，唐河東人，生於代宗大曆八年（公元七七三年）。少敏悟絕倫，爲文卓偉精緻。十七歲舉進士，廿九歲爲監察御史。順宗時曾居要津。後因故遭貶永州司馬。顯宗時，又被遷徙爲柳州刺史，後死於柳州，年四十七。宗元死後，友人劉禹錫，將其詩文編爲文集四十五卷。

二、政治起源論

關於政治制度起源之理論與君主制度之價值，子厚之思想頗與先秦之墨子、管子、荀子等人之看法相同，皆以古代社會爲強淩弱，眾暴寡，智詐愚之社會，必須建立刑政制度，始能止亂致治。他說：

> 「彼其初，與萬物皆生，草木榛榛之，鹿豕狉狉，人能搏噬，而且無羽毛，莫克自奉自衛。荀卿有言，必將假物以為用者也。夫假物者必爭，爭而不已，必就其能斷曲直者聽命焉。其智而明者所伏必眾，告之以直而不致，必痛之而後畏，由是君長刑政生焉。」（封建論）

爲何子厚有此種論點，除受先人之影響外，更在於宗元生於唐代，君主制度已有根深蒂固之基礎。且君主之權威日大，地位日尊，則彼之立論，亦無非重申我國古代政治思想之說而已。再者其生於唐之中葉以後，因國勢日衰，君主權力正逢低落之際，故特申君主爲社會幸福所繫之說以張之，尤爲其立說之本旨也。[5]

三、摒黜封建

宗元鑑於唐代藩鎮之禍，力主摒封建，行郡縣。故謂封建非聖人之意，僅係一時之形勢所形成。此如：

> 「……自天子至於里胥，其德在人者死，必求其嗣而奉之。故封建非聖人意也，勢也。」（封建論）

　　宗元此言，頗與近世學者推論國家之形成，乃由家庭而部落，而民族而國家之說相近。夫一統天下乃由封建諸侯演進而來，則有唐之世，天下已會於一。不宜復退化爲藩鎭割據之局，固不待辯而明矣。[6]

四、反對苛政與貪污

　　宗元以爲苛政必苛斂人民，人民受官吏之苛斂，則生靈塗炭，無法生活，故曰：「賦斂之毒，有甚於蛇。」（捕蛇者說）蛇乃毒虫，人皆畏之，賦斂之毒，更甚於蛇，則賦斂之害民，由此可知。

　　宗元更批評貪官如同蝜蝂小蟲般，因爲背負甚重，卒致躓仆，不會有好下場。

　　「今世之嗜取者，遇貨不避，以厚其寶，不知爲己累也。唯恐其不積。及其怠而躓也，黜棄之，遷徙之，亦以病矣。苟能起，又不艾日思高其位，大其祿，而貪取滋甚，以近於危墜。」（蝜蝂傳）

五、主張無爲而治

　　宗元也受道家思想影響，認爲無爲而治是最理想的政治。他曾說：

　　「橐駝非能使木壽且孳也，能順木之天以致其性焉爾。……勿動、勿慮，去不復顧。其蒔也若子，其置也若棄。則其天者全，而其性得矣。……愛之太恩，憂之太勤，且視而暮撫，已去而復顧……搖其本以觀其疏密，而木之性日以離

矣。雖曰愛之，其實害之。」（種樹郭橐駝傳）

此篇乃宗元主張無爲而治之寓言。橐駝種樹，能順木之性，故能自然生長，求治亦是如此，倘苛政煩令，必將召禍，雖曰愛之，實乃害之。

註釋

1 蕭公權，迹園文存，前揭書，頁八五至八七。

2 薩孟武，中國政治思想史，前揭書，頁三四三至三四七。

3 汪大華，萬世章，中國政治思想史，前揭書，頁四九四至四九五。

4 同3，頁四九五。

5 曾繁康，中國政治思想史，前揭書，頁三四三至三四四。

6 同3，頁五○二。

第十三章　宋代政治思想

第一節　宋代政治思想概述

　　宋代政治思想的流派，主要有二：一曰理學家；二曰事功派。簡要而言，宋代理學奠基於唐之韓愈、李翱，成之於程氏兄弟，集大成於朱熹。餘如周濂溪、邵康節、張載、陸象山等皆爲箇中翹楚。理學家雖自命繼先聖之道統，以孟子義理思想爲本位，然實也融合了佛家之心性與道家之象數學說，以解說先秦舊籍，蔚爲新儒學。

　　宋代政治思想之重心，不在理學，而在與理學相抗之功利主義思想。此派之特點在斥心性之空談，究富強之實務。李覯爲其先導，王安石爲其中堅，陳亮集其大成。餘如薛季宣、呂祖謙、陳博良、葉適，皆是代表性人物。按經世致用，本爲儒學傳統之目的。然而先秦漢唐之儒多注重仁民愛物之治術，一遇富強之言即斥爲申商之霸術，不以聖人之徒相許。至南宋諸子乃公然大闡功利之說，以與仁義相抗衡。謂爲儒家政治思想之革命運動或非過言。[1]

第二節　李覯

一、李覯略傳

　　李覯生年據宋史卷四三二儒林傳云：「李覯，字泰伯，建昌軍南

城人。俊辨能文，舉茂才異等不中，親老以教授自資，學者常數十百人。皇祐初，范仲淹薦爲試太學助教……嘉祐中，用國子監奏，召爲海門主簿，太學說書而卒。」李覯所著有潛書、禮論等，今俱收入盱江文集與直講李先生集。李覯之政治思想，論其源流，深受荀子思想影響，而新穎進取，尤有過之。

二、以功利主義爲中心

自孟子明義利之辨以來，儒者多以言利爲恥。李覯亦一反其道，以爲聖人無不言利者。

「然洪範八政，一曰食，二曰貨。孔子曰：足食是兵，民信之矣。是則治國之實，必本於財用。」（富國策一）

人生而有欲，非利無以養之。「欲者人之情」之說，基本上與荀子接近，而與孟子相悖。孟子主張「養心莫善於寡欲」，宋儒承其說而有「存天理，去人欲」之主張，李覯此論，則與之相反。他主張：

「欲者人之情，曷爲不可言，言而不以禮，是貪與淫矣。不貪不淫而曰不可言，無乃賊人之生，反人之情。世俗之不喜儒，以此。」（富國策一）

李氏從不諱言利，但強調須繩之以禮。故主張以禮制爲治國大本。

「夫禮，人道之準，世教之主也。聖人之所以治天下國家，修身正心，無他，一於禮而已矣。」（禮論一）

至於施政之首要，則以富國強兵與財用足爲中心。此如：

「是故聖賢之君，經濟之士，必先富其國焉，所謂富國者，
非曰巧籌算，析毫末，厚取於民以媒怨也。在乎強本節用，
上無不足，而下則有餘也。」（富國策一）

「治國之實，必本於財用。……百官群吏，非財不養；軍旅
征伐，非財不給；……是故聖賢之君，經濟之士，必先富其
國焉。」（富國策第一）

「國之於兵，猶鷹隼之於羽翼，虎豹之於爪牙也。羽翼不
勁，鷙鳥不能以死尺鷈；爪牙不銳，猛獸不能以肉食；兵不
強，聖人不能以制褐夫矣。」（強兵策一）[2]

李覯富國強兵之說，誠然已大不同於傳統儒家之說。然而，察其
富國之方，在乎強本節用，而杜絕厚取於民；且其用兵之術，則在於以
仁爲本；詐力爲末，同時力主先修其內而後行諸外。是故其說與傳統儒
家所主張，仍甚相契。

「愚以爲仁者，兵之本；詐力者，兵之末也」（強兵策一）
「用兵之法，必修之內而後行諸外。」（強兵策二）[2]

三、重視霸政

傳統儒家一向排斥霸政，以孟荀爲例，就有：

「聖人之徒無道桓文之事者。」（孟子梁惠王上）
「仲尼之門人，五尺之豎子，言羞屬稱五霸。」（荀子仲尼

七）

影響所及，後世儒者遂多尊王賤霸。李覯本其富國強兵之主張，
爲霸政作辯護。曾駁孟子之黜桓文曰：「衣裳之會十有一，春秋也，非
仲尼修乎，木瓜衛風也，非仲尼之刪乎。正而不譎，魯論語也，非仲尼
言乎。仲尼亟言之，其徒雖不道，無歉也。」（常語上）旨在證明孔子
所以亟言霸政者，實以霸政不可厚非。進而指出：

> 「管仲之相齊桓公，是霸也。外攘戎狄，內尊京師，較之於
> 今何如。商鞅之相秦孝公，是強國也。明法術耕戰，國以富
> 而兵以強，較之於今何如。」（寄上范參政書）

李氏不僅辯霸政爲可取，又嘗探究謬分王霸之失，而得其所以謬
誤的原因。一爲未能明確王霸之區別。依他所見王霸之分，繫於主君之
地位，而非由其政術有本質上的差異。

> 「或問自漢迄唐，孰王孰霸。曰，天子也，安得霸哉。皇帝
> 王霸者其人之號，非其道之目也。自王以上，天子號也。」
> （常語）
> 「霸，諸侯號也。霸之為言也，伯也，所以長諸侯也，豈天
> 子之所得為哉。」（常語）

王者霸者之地位既殊，其職務當然不同。

> 「所為之道，則有之矣，安天下也。所謂霸道，則有之矣，
> 尊京師也。非粹與駁之謂也。」（常語）

二曰一般人誤認王政純用仁義。李氏於此雖無明文直接說明，然據其「焉有仁義而不利」之言，足知粹駁之分在乎功利之大小，而不在義利之比例。[3]

四、安民立禮

李覯認爲安民爲君主之天職，亦爲政治之目的。

「天生斯民矣，能為民立君，而不能為天養民。立君者天也，養民者君也。非天命之私一人，為億萬人也。民之所歸，天之所右也。民之所去，天之所左也」（安民策一）

李氏主張安民立禮之教，大致遵循孟子之民本與荀子之禮治，是故宋史特李覯列爲儒家。

再者，李氏論禮，與荀子相似，都以禮爲治國之大本。

「夫禮，人道之準，世教之主也。聖人之所以治天下國家，修身正心，無他，一於禮而已矣。」（禮論）

傳統上，儒家論政，多主張內聖外王之道，並以仁義道德爲內聖之表徵；而以禮樂政刑爲外王之作爲。然而李覯卻以爲有諸內必形諸外，有諸外必由於內，故禮實可總攝兩者。

「有諸內者，必出諸外；有諸外者，必由於內」（禮論）

這表示禮務必化爲聖人之法制，始可落實施行。

「禮者，聖人之法制也……無法制則不得以見仁義智信。」

（禮論四）

禮既爲聖人之法制，則禮治者亦即爲法制治天下之謂。

「民之所從，非從軍也，從其令也，君之所守，非守國也，守其令也。」（安民策六）

由上所述，吾人可悉李氏之思想，雖不能全脫「人治」之羈絆，實頗傾向於法治。[4]

第三節　王安石

一、王安石略傳

王安石字介甫，撫州臨川人。生於眞宗天禧五年，少好讀書，過目不忘。慶曆二年中進士第四名。嘉祐三年上仁宗皇帝言事書。神宗即位，命知江寧府，數日召爲翰林學士兼侍講。熙寧二年二月參知政事。與陳升之同領制置三司條例司。時安石年四十九。新法如農田水利、均輸、青苗、保甲、募役、經義策士、市易、保馬、方田、均稅諸事先後實施。計執國政約達九年。君臣知遇，古所稀有。元豐元年封舒國公，三年改荊國公。哲宗元祐元年薨，贈太傅。所著有文集、三經新義、春秋左氏解，約近三百卷。

二、有爲政治論

介甫論政，以「有爲」爲尙，復本此精神以講求有爲之方法，推行治理教化的政務。他說：

> 「太古之人不與禽獸同者幾何？聖人惡之焉，制作焉以別
> 之。下而戻於後世，俊裳衣，壯宮室，隆耳目之觀，以囂天
> 下。……聖人不作，昧者不識所以化之之術，顧引而歸之太
> 古……吾以爲識治亂者當言所以化之之術，曰歸之太古，非
> 愚則誣。」（臨川集六九卷，太古）

介甫認爲有宋之世，內有社稷之憂，外有夷狄之患，更應把握時機，推動「有爲」之改革。

> 「以古準今，則天下安危治亂，尚有可爲；有爲之時，莫急
> 於今日，過今日，則臣恐亦有無所及之悔矣。」（嘉祐年上
> 陳時政疏）

主政者既應注重有所作爲，則要以「祖宗不足法」的精神來從事於創新與制宜，避免墨守成規。

> 「夫天下之事，其爲變豈一乎哉？固有迹同而實異者矣。今
> 之人誾誾然求合乎於其迹，而不知權時之變，是則所同者古
> 人之迹，而所異者其實也。」（臨川集六七）
> 「天變不足畏，祖宗不足法，人言不足恤。」（宋史王安石
> 傳）

至於變法之標準則宜以先王之「意」爲依據，而不要被陳規所限。

孟子曰：「有仁心仁聞而不澤加於百姓者，為政不法於先王之道故也。……臣故曰：當法其意而已；法其意，則吾所改易更革，不至乎傾駭天下之耳目，囂天下之口，而固已合乎先王之政矣。」（上仁宗言事書）

最後，其實施之方法、態度、手段，則要計畫周詳，加強宣導，循序漸進。

「夫慮之以謀，計之以數，為之以漸，則成天下之才甚易……臣故曰：慮之以謀，計之以數，為之以漸，則其為甚易也。……而又勉之以成，斷之以果，然而猶不能成天下之才，則以臣所聞，蓋未有也。」（上仁宗言事書）

「陛下誠欲用臣，恐不宜遽，謂宜先講學，使於臣所學本末不疑然後用之，庶能麤有所成。」（楊仲良通鑑長篇記事本末卷五九）

三、變法應以人才爲根本

介甫上仁宗書，所論幾皆以陶冶人才一事爲重。蓋宋代開國以來，始終未能臻於大治之主要原因，乃因朝廷重臣不求進步習故安常，且排斥人才，對利國新法盲目反對。對這一點，介甫斥之爲：

「天下風俗法度一切頹壞。在廷之臣，庸人則安習故常而無

所知，奸人則惡直醜正而有所忌。有所忌者倡之於前，而無所知者和之於後，雖有昭然獨見，恐未及功效，早為異論所勝。」（通鑑長篇記事本末卷五九）

然而，政府對於人才之培養，則要以利國利民之道教育之。

「人之才，未嘗有不自人主而成之也。所謂陶冶而成之者何？亦教之養之取之任之有其道而已……今世之所宜學者，天下國家之用也，今悉使置之不教，而教之以課試之文章，使之耗精神，疲日用之力，以從事於此……夫古之人，以朝夕專其業於天下國家之事，而猶才有能有不能。今乃移其精神奪其日力，以朝夕從事於無補之學。及其任之以事，然後卒然責之以為天下國家之用，宜其才知足以有為者少矣。」（上仁宗書）

可見，其教育之方針為培養致用之人才。介甫認為若以文章取士，「大則不足以用天下國家，小則不足以為天下國家之用」（上神宗皇帝言事書）。於是改科舉，罷詩賦，設武、律、醫諸學。尤其主張應加強武事教育，以充實國防。

「先王之時，士之所學者，文武之道也。士之才有可以為公卿大夫，有可以為士，其才知大小宜不宜則有矣。至於武事，則隨其才之大小，未有不學者也。……故古者教士以射御為急，……先王豈以射為可以習揖讓之儀而已乎？居則以是習禮樂，出則以是從戰伐。世既朝夕從事是此而能者眾，則邊疆宿衛之任，皆可以擇而取也。」（上仁宗言事書）

四、經濟財政

介甫之新政，最終目的在圖國家富強，則整飭財政，乃是當務之急。因此，大力推行青苗法、募役法、均輸法、市易法、方田均稅法等在內的新政。

1.青苗法：財政為國家命脈，一切建設改造在在需充裕財力。介甫初為相，即設「制置三司條例司」以統籌天下之財。其理財之第一法，名為青苗。即官府把錢借予農民，以加利息二分來償還，分夏秋二季俟穀熟還官，號青苗錢。

2.市易法：所謂市易法即在各地置市易務，凡貨之滯於民而不得售者，平其價售之。其目的在平均市價，抑制兼併。

3.免役法：此為新法中最造福於民者。吾國古代有所謂力役之征。宋謂之差役法。介甫易差役為雇役。另鄉戶各按等第，輸免役錢；無役之人，則出助役錢。國家用此項收入，雇人充役，不復派使人民。此法舉歷代征役之害，一掃而空，為社會之重大改革。

4.方田均稅法；舊制，上供有定數，豐年不多繳，而荒年仍須繳足定額。安石乃令官廳，貸以款項，使能於物賤時，購儲應繳諸物於京師倉庫，以備凶年向政府繳納。其目的在於減輕人民之負擔。

觀諸上述，可知介甫財政改革之要義，全係以富國利民是尚。故

其財經政策旨在透過有效管理，求勞逸均、多寡通、國用足、民財不
匱。

「夫以義理天下之財，則轉輸之勞逸，不可以不均；用度之
多寡，不可以不通；貨賄之有無，不可以不制；而輕重斂散
之權，不可以無術……夫如是，庶幾國用可足，民財不匱
乏。」（制置三司條例司上言）

由此可知其新法中之青苗法、均輸、市易、農田水利諸制，皆以
增加生產，減輕人民負擔，抑制豪強為目的，用意極為良好。

第四節　朱熹

一、朱熹傳略

朱熹，字元晦，一字仲晦，人稱紫陽先生，或考亭先生。徽州婺
源人，年十八歲登進士第。四十九歲，出知南康軍，興利除害。此後歷
任提舉浙江及江西常平茶鹽，仕至寶文閣侍制，歷事四朝。慶元黨禍既
興，熹屢以偽學被劾，而熹日與諸生講學不休，或勸其謝遣生徒者，笑
而不答。蓋自以「一身利害不足云，所懼者秦政坑焚之禍，遂及吾黨。」
慶元六年卒，嘉定元年賜諡文。朱子之著述甚豐。計有「大學章句」、
「中庸章句」、「論語集注」、「孟子集注」、「太極圖說解」、「通書
解」、「西銘解」、「正蒙解」。以及後人所編撰之「朱文公文集」一百

卷，復有「朱子語類」一四〇卷、資治通鑑綱目六十卷等。

二、以格物致知之說為論學從政之本

朱熹據大學三綱八目，亦主正心、修身、齊家、治國、平天下一貫之道。強調格物而後致知，致知而後能瞭然治平之理，故而在他心目中，為學與從政並無不同。

> 「治國平天下與誠意、正心、修身、齊家，只是一理。所謂格物致知，亦曰如此而已矣……今必以治國平天下為君相之事，而學者無與焉，則內外之道，異本殊物，與經之本旨正相南北矣。禹稷顏回同道，豈必在位乃為為政耶？」（答江德功）

三、因時立政

在朱子哲學中，「理」之一字佔有關鍵地位。他認為，理者，萬事萬物之理。自政治上言之，則為政治原理。然政治原理雖為不易之標準，可是政治原理之實現，卻要結合現實，要注意時代環境之變遷。這表示，朱子雖信天下有不可泯滅之道，然不主古今必循一定之制。故云：

> 「居今之世，若欲盡除今法，行古之政，則未見其利而徒有煩擾之弊。」（語類卷一〇八）
> 「世人徒知秦廢古法，三代自此不復，不知後世果生聖人，必須別有規模，不用別人硬本子。」（語類卷一三四）

「若是時節變了，聖人又自處之不同。」（語類卷一〇八）

朱子本此見解，故對主張恢復井田封建之論不表同意。

「封建井田，公天下之法，豈敢以為不然？但在今日恐難下手，設使做得成，亦恐意外別生弊病，反不如前，則難收拾耳。」（語類卷一〇八）

再者，朱子之政論實與俗儒之空談性命者，大異其趣。而其對安石之變法，幾乎加以無條件之許可，抑且深信變法必須徹底。[5]

「熙寧更法，亦是勢當如此。凡荆公所變者，初時東坡亦欲為之。及見荆公得紛擾狼狽，遂不復言，卻去攻他，其論固非持平。」（語類卷一三〇）

「欲整頓一時之弊，譬如常洗澣，不濟事。須是善洗者一一拆洗，乃不枉了，庶幾有益。」（語類卷一〇八）

這些言論都代表朱子思想的特色。

四、以仁心行仁政

朱子仍秉儒家傳統之仁政思想，作為其政治論之中心主張。「恤民之本，在人君正心術以立綱紀」。此即謂政治之本，基於人主之心術。「古聖賢之言治必以仁義為先，而不以功利為急。……蓋天下萬事，本於一心，而仁者，此心之存之謂也。此心既存，乃克有制；而義者，此心之制之謂也」。此一論點與孟子主張行仁政者首須掌政權者立仁心「以不忍人之心，行不忍人之政」（孟子公孫丑上）如出一轍。蓋

孟子之仁政者，即是基於不忍人之心。而朱子亦強調仁政本於一心，這
顯然與孟子相同。惟仁心能否建立，是道德問題。必須執政者有如此之
德性，然後能由其仁心而施仁政，既有仁政，然後天下方能治。[6]在這
一點上，朱子再次發揚了先秦儒家的政治理想。

五、重視農業

朱子在具體施政上，注重勸農。

「竊為民生之本在食，足食之本在農，此自然之理也……士
風習俗，大率懶惰，耕犁種蒔，既不及時；耘縟培糞，又不
盡力……此所以營生足食之計，大抵疏略。」

而其重農方策首在防止兼併，力主「以口數占田為立科限」。「夫
土地者，天下之大本也，春秋之意，諸侯不得專封，大夫不得專地……
宜以口數為立科限，民得耕種，不得買賣，以贍貧弱，以防兼併，且為
制度張本，不亦宜乎。」（井田類說）其次則主張設立社倉，其用意與
王安石之青苗法同。此於建寧府崇安縣社倉記一文中言之甚詳。[7]

「願自今歲以來，歲一斂散，既以紓民之急，又得易新以
藏。卑願貸者出息什二又可抑僥倖，廣儲蓄。即不欲者勿
強。歲或不幸，小饑則弛半息，大祲則盡蠲之，於以惠活鰥
寡，塞禍亂源，甚大惠也。」

註釋

1 蕭公權，迹園文存，前揭書，頁八十七至八十九。

2 汪大華、萬世章，中國政治思想史，前揭書，頁五〇九至五一一。

3 蕭公權，中國政治思想史，前揭書，頁四五四。

4 同3，頁四五五至四五六。

5 同1，頁五四八至五四九。

6 陳伯鏗，孟子政治思想探微，復興崗學報卅五期，民國七十五年六月，頁十一至十五。

7 楊幼炯，中國政治思想史，三版（台灣：商務印書館，民國六十二年二月），頁二五三至二五四。

第十四章　明代政治思想

第一節　明代政治思想概述

　　明代開基，揭民族革命大義，成光復漢土之偉業，實爲中國歷史之空前之創舉。所可惜者，太祖及其佐治之大臣，雖能推翻異族之政權，卻不知改造積弊已深之專制政體。中葉以後，患且增劇。晚明民生之痛苦，較之元代，殆有過之。此實爲我國政治史上最可痛惜之事。

　　明代政論之特點乃在於注意民本與民族之觀念，上復先秦古學，下開近世風氣。明初之劉基、方孝孺與明末清初之黃宗羲、王夫之分別代表此兩種趨勢，皆對專制天下之弊政加以嚴厲之攻擊。然而此數人之學術仍本之儒家，而明代一般之儒者更不能脫專制天下之結習。如張居正、呂坤諸人留連於尊君思想之中，視劉、方且有遜色，他無論矣。[1]

第二節　劉基

一、劉基略傳

　　劉基字伯溫，浙江青田人，生於元武宗至大四年，卒於明太祖洪武八年。元末以進士官高要縣丞，爲改嚴飭而有仁惠。元末朱元璋起事，乃佐其平天下。其著作有郁離子，覆瓿集等書。

　　劉氏生當蒙古異族統治中原之際，目睹政衰民困之慘況，故其論

政遂遠承孟子，注重民本，反對專制，並兼明天人，開明代政治思想之端。

二、論天人關係

劉氏以「天」爲政權最高之根據，蓋其以民不能自治，故天立君以治民。他曾說：

「天生民，不能自治，於是乎立之君，付之以生殺之權，使之禁暴誅亂，抑頑惡而扶弱善也。」（郁離子蛇蝎篇）

伯溫此說係根據宋儒理氣二元而來，認爲當天有氣質病象時，人力可以助天之未能。「天以氣爲質，氣失其平則變」，氣質之病既發，則天心不能貫徹，自然喪失其主宰能力。此時人力如何助天心？務必待世之聖賢人出，以醫天心之病。這裡講聖賢的重要，幫然也強調了君主的重要。

「朱均不肖，堯舜醫而瘳之。桀紂暴虐，湯武又醫而瘳。……和安以降，病作而無其醫。恆靈以鈞吻爲參苓，而操懿之徒又加酖焉，由是病入於膏肓而天道幾窮矣」（四說天下篇）

以上係就天之氣質之變態言之，聖賢之功用乃在於能醫其病。故就天心之常態言之，則聖賢非善醫而實「善盜」。

「天地善生，盜之者無禁。惟聖人爲能知盜。執其權，用其力，執其功而歸諸己，非徒發其藏，取其物而已也。」

劉氏所言之盜，乃「僭取」非「竊奪」，係就天不能言，而聖賢代行其道，實非眞盜，不僅無罪，且因是本天理物情以行之，贊成化育，故功德明顯。因此伯溫之民本思想，反專制思想皆以此一思想爲基礎。

三、民本政治論

伯溫認爲政治之唯一目的在於立君以養民，若不如此則民不得安身立命，君位亦必爲之不穩。他曾擬一寓言說明此理：

「靈丘之丈人善養蜂，歲入蜜數百斛，蠟稱之。於是其富比封君焉，丈人卒，其子繼之，未朞月，蜂有舉族而去者弗恤也。歲餘，去且半。又歲餘，盡去。其家遂貧。陶朱公之齊，過而問焉曰：是何昔日之熇熇而今日之涼涼也。其鄰之叟對曰：以蜂。請問其故。對曰：昔者丈人之養蜂也，園有廬，廬有守，剡木以為蜂宮，不罅不庮，其置也，疏密有行，新舊有次，坐有方，牗有鄉，五五為伍，一人司之，視其生息，調其暄寒。鞏其構架，時其墐發，蕃則從而析之，寡則與之哀之，不使有二王也，去其蝥螟蚍蜉，彈其土蜂蠅豹，夏不烈日，冬不凝澌，飄風吹而不搖，淋雨沃而不潰，其取蜜也，分其贏而已矣，不偕竭其力也。於是故者安，新者息。丈人不出戶而收其利。今其子則不然矣。園廬不葺，污穢不治，燥濕不調，啓用無節，居處鞟脆，出入障礙，而蜂不樂其居矣。及其久也，蚷蝤同其房而不知，螻螳鑽其室而不禁，鸛鶊掠之於白日，狐狸竊之於昏夜，莫之察也，取蜜而已，又焉得不涼涼也哉，陶朱公曰：嗯！二三子識之，

為國有民可以鑒矣。」（靈丘子篇）

此寓以養蜂爲例，說明君王施政須以養民爲政事之本，開國之君能養民以興，繼位之君廢怠才會亡也。因此，苛政虐民，終起革命，民雖愚而終不可欺。

「郁離子曰，世有以術使民而無道揆者，其如狙公乎。惟其昏而未覺也。一旦有開之，其術窮矣。」（瞽聵篇）

由以上所引之寓言中，已可見伯溫民本思想之大意，且其民本思想與其天人理論，誠然脈絡一貫，不可分割。君唯以民爲本，才能盡其職責，符合天人關係，否則君必將失位。這種思想在明代是很具代表性的。

第三節　方孝孺

一、方孝孺略傳

方孝孺字希直，一字希古，生於元順帝至正十七年（西元一三五七年）卒於惠帝建文四年（西元一四二年）。少承家學，頗有志負。惠帝時爲翰林侍講，每遇國家大政，輒諮詢之。君臣之間，同於師友。燕師入南京，被執入獄。成祖即位，命其草詔，孝孺擲筆於地曰：「死即死耳，詔不可草。」遂磔於市，并滅十族，所著有遜志齋稿，希古堂稿。

二、政治起源論

孝孺以為政治之起源，在於人類有智愚之不平等，故必須「立君師以治之」，以謀生活之幸福。這與傳統所謂須立賢能者為君，才可止亂致治，化解因欲望而滋生的亂象相同。不過，孝孺特別者在說君一人不能獨治，須建立組織。他說：

「生民之初，固未嘗有君也，眾聚而欲滋，情熾而爭起，不能自決，於是乎才智者出而君長之。世變愈下而事愈繁，以為天下之廣，非一人所能獨治也，於是置為爵秩，使之執貴賤之柄。制為賞罰，使之操榮辱修短之權於海內之人之上，其居處服御無以大異於人不可也，於是大其居室，彰其輿服，極天地嘉美珍奇以奉之，而使之盡心於民事。」（遜志齋集卷三宗儀首九）

此說明立君長必須建立貴賤制度，然後以貴制賤，則人與人之間才不會出現爭鬥之事，而使強弱各安其分。另外，也可因才智之士執貴賤之柄，操榮辱修短之權，並有高人一等的享受，而可盡心於政務。

再者，

「人之初，無有貴賤也，才有所不若，德有所不逮，而敬慢之心生。相慢之至，以爾汝為未足而呼其名，以相名未足而加之以醜汙之號。尊敬之甚，以稱其字為僭，而稱其姓，以稱其姓為泛，而曲為之解。長之則曰長者，師之曰先生。或因其所居而為之號，或因其所有而美其稱。而先生長者之

號，夫豈強之使出於口哉。眾人之於君子，以為不如是不足
致其尊慕之心。」（遜志齋集卷十六南齋記）

蓋孝孺認為，人為貴賤制度之建立，可使人正確表達尊慕之心，
其本身未嘗無自然之依據。不寧惟是，「天之立君，所以為民，非使其
民奉乎君也。然而勢不免粟米布帛以給之者，以為將仰之平其曲直，除
所患苦，濟所不足而教所不能，不可不致乎尊榮恭順之禮，此民之情然
也。」（前書三君職篇）這表示，聖人因敬慢之心，藉致尊之情，而立
為尊卑貴賤之制度以治民，固其治可以有成。然若一意專行，違背自
然，則萬姓之眾豈肯俯首以聽亂命乎。[2]後世人君不識此理，誤以為民
之職在奉上，不知君之職在於養民。若立君無益於民，則又何必立君。
臣不盡其職，君可免之，君不盡其責，則當如何？對這個問題，孝孺有
謂：

「自公卿大夫至於百執事莫不有職，而不能修其職，小則
削，大則誅。君之職重於公卿大夫百執事遠矣，怠而不自
修，又從侵亂之，雖誅削之典莫之加，則曷不畏乎天邪。受
命於君者臣也。臣不供其職，則君以為不臣。君不修其職，
天其謂之何。」（同上卷三君職篇）

這種言論，足以推演出革命之理論，孝孺乃提醒君王，視君為仇
寇者，非民之過也。

「斯民至於秦，而後興亂。後世亡人之國者大率皆民也……
視其君為仇寇，豈民之過哉，無法以維之，無教以淑之，而
不知道故也。」（同上卷三民政篇）

三、法治重於人治

方孝孺深悉徒人不可以為政，徒法不能以自行，曾說：

「欲天下之治，而不修為治之法，治不可致也。欲行為治之
法，而不得行法之人，法不可行也。故法為要，人次之。二
者俱存則治，俱弊則亂，俱無則亡，偏存焉則危。」（同上
卷三官政篇）

法為要，人次之，可見法治比人治尤為重要。惟方氏非法家，仍
然認為為政之道，不能僅憑刑賞。

「法之為用，淺陋而易知，民之為情，深詭而難測，以難測
之情，視易知之法，法已窮，而其變未已，未有不為竊笑而
陰誹者。善用法者常使民聞吾法之不可犯，而不使民知吾法
之果可畏。」（同上卷三治要）

方氏尤其反對法家之輕罪重刑說。這是因為刑罰之所以能夠發生
作用，在乎人民樂生而畏死，若人民見生之不足樂，則將認為死之不可
畏，雖有法不足治也。孝孺此說也充分說明法家理論上的一大缺失。

「人惟以死為足重也，故知樂其生。知生之樂也，故凡可以
賊身害名之事，慎忌而不為。使皆不愛其死，則將紛然驚
肆，馳逐於法令之外，趨死而不顧，雖有法何足以制之。」
（同上卷三治要）

四、注重華夷之別（民族思想）

　　方氏曾說：「正統之名……本於春秋……春秋之旨雖微，而其大要不過辨君臣之等，嚴華夏之分。」（同上卷二後正統論）故凡篡位賊子以及夷狄雖能統天下於一，亦不能稱之爲正統。因此，他當然反對成祖奪權之爲。而在經歷蒙古人入主中原的慘狀後，他尤注重於華夷之別。

> 「吾嘗妄論之曰，有天下而不可比於正統者三：篡臣也、賊后也、夷狄。何也，夷狄惡其亂華，篡臣賊后惡其亂倫也。」（同上卷二後正統論）

　　方氏更進一步，用古聖先賢之言，證明夷狄所以不可爲正統之理由。

> 「夷狄之不可爲統，何所本也。孟子曰，禹遏洪水，驅龍蛇，周公膺夷狄，以戎狄與蛇蟲洪水並言之。……孔子大管仲之功曰，微管仲，吾其被髮左衽矣，如其仁。管仲之得爲仁者，聖人美其攘夷狄也。」（同上卷二後正統論）

　　方氏係由華夷之別，而明正統之義，因此，抨擊朱熹之正統觀念。蓋朱子以有天下爲正統，方氏則認爲倫理與政治不可分開，進而反對以夷之有天下爲正統。

> 「朱子之意曰，周秦漢晉隋唐皆全有天下矣，固不得不與之以正統。苟如是，則仁者徒仁，暴者徒暴，以正爲正，又以

非正為正也，而可乎。吾之説則不然，所貴乎為君者豈謂其有天下哉，以其建道德之中，立仁義之極，操政教之原，有以過乎天下，斯可以為正統。不然，非其所據而據之，是則變也。以變為正，奚若以變為變之美乎。」（同上卷二釋統中）

其實，方氏之辨正統，最主要目的還是依春秋大意，明華夷之別，還是在反元之統治，然方氏本身對於華夷之別，仍是以文化為標準。這是因為，兩個以上種族能夠同化為一個民族，必須他們長期生活於同一領土之上，互相通婚，互相交流，而令彼此之血統、言語、風俗、習慣，以及感情、思想無不因交流而相同。吾人觀春秋時代之夷狄，至秦漢，均成為漢人。秦漢之匈奴，至晉代時已逐漸漢化。南北朝之鮮卑，至隋唐，也與漢人無異。是故夷狄接受中國文化而中國化之後，方孝孺亦不視之為夷狄。他說：「荊楚以南，春秋之所夷狄」然「自秦以來，襲禮義而為中國者二千年矣，人倫明而風俗美，烏得與夷狄比乎」（同上卷二後正統論）。[3]這表示，華夏夷狄之區分確實只能以文化為標準。

第四節　王陽明

一、王陽明略傳

王陽明名守仁，字伯安，明憲宗成化八年生（西元一四七二年），卒於嘉靖七年（西元一五二八年）。少聰慧，性豪邁，年十五出遊居庸

關，即慨然有經略四方之志。年十八讀朱子書，曾以庭前竹驗朱氏格物之說，以致於疾。以進士入仕，後因忤權閹劉瑾，廷杖四十，謫貴州龍場驛丞。瑾誅，乃復起。明代文臣用兵，未有及守仁者。卒年五十七，贈新建侯，諡文成。著有文集數十卷，世稱其學爲姚江派。

二、政治本體──明德親民

陽明講學注重實際倫理，故其政治論與社會論有一根本觀念，即社會秩序與倫理秩序相關連，只要秉持一念之善，推而廣之即能親親仁民而愛物，建構出理想政治秩序。這一點可說是儒家思想之根本要義，是儒家所共有之普遍觀念。陽明之政治思想亦不出正統儒家倫理政治思想之範疇。在這一點上，陽明以爲「政在親民」，其出發點在明明德。故曰：

「人者天地之心也。民者對己之稱也。曰民焉，則三才之道舉矣。是故親吾之父以及人之父，而天下之父子莫不親矣……君臣也，夫婦也，朋友也，推而至於鳥獸草木也，而皆有以親之，無非求盡吾心焉，以自明其明德也，是之謂明明德於天下，是之謂家齊國治而天下平。」（親民堂記全書七）

明德親民爲陽明政治思想中心。陽明以爲祇要吾人皆能明德親民，恢復天下一家之本然，則天地萬物爲一體，必能達到家齊國治天下平之境地。故又曰：「大人者，當以天地萬物爲一體者也，其視天下猶一家，中國猶一人焉；若夫間形骸而分爾我者，小人矣。大人之能以天下萬物爲一體也，非意之也；其心之仁本若是。」（大學問）

　　為什麼仁是為政之本，陽明解釋說仁是「造化生生不息之理，雖瀰漫周遍，無處不是，然其流行，亦只是個漸，所以生生不息。」（傳習錄上）可見仁之實現可以使萬物生生不息，社會進步。這表示，陽明論政如同孟子是以人之良知本心為基礎，其他治術是次要的。

　　是故，陽明以為霸術違反生生不息之仁心，故力持反對態度，斥曰：「霸者之徒，竊取先王之近似者，假之以外，以內濟其私己之欲，天下靡然而宗之，聖人之道，遂以蕪塞……鬥爭劫奪，不勝其禍，斯人倫於禽獸夷狄，而霸術亦有所不能行矣。」（答顧東橋書）

三、官吏應安其職守

　　陽明以為有德有能而為人民服務之官吏，當以安民為念，即使終身居一職而不易，也不可有煩勞之心。這種說法既是陽明本人心志的表達，也可說是所有中國傳統知識份子的共識。此如：

> 「舉德而仕，則使之終身居其職而不易，用之者，唯知同心一德，以共安天下之民……苟當其能，則終身處於煩劇而不以為勞，安於卑瑣而不以為賤。」（答顧東橋書）

四、法制應與時俱進

　　陽明以為太古之治「全是淳龐朴素，略無文采之氣象」，其後「風氣益開，文采日盛，至於周末，雖欲變以夏商之俗，已不可挽，況唐虞乎，又況羲黃之世乎」。「然其治不同，其道則一」，「但因時致治」，其設施政令，不能完全師古而已。（傳習錄上徐愛記）此一看法在當時

不失爲一進步之思想。

五、明賞罰以勵人心

陽明主張施政方針重在明賞罰以勵人心。故曰：「賞罰如此，宜乎人心激勸，功無不立。然而有未能者，蓋以賞罰之典雖備，然罰典止行於參提之後，而不行於臨陣對敵之時；賞格止行於六軍征剿之日，而不行於尋常用兵之際故也。……所領兵眾，有退縮不用命者，許領兵官軍前以軍法從事……所統兵眾，有能對敵擒斬功次，或赴敵陣亡，從實開招，覆勘是實，轉達奏聞，一體陞賞。……如此，則賞罰既明，人心激勵，盜賊生發，得以即時撲滅，糧餉可省，事功可見矣。」（陽明全書卷二）可見在陽明心目中，賞罰必須公平才能激勵人心，展現實效，使禍亂早日消弭。這也許是陽明在實際政事及軍事上能屢建奇功的一個原因。

註釋

1蕭公權，中國政治思想史，前揭書，頁五二一。

2同1，頁五二八。

3薩孟武，中國政治思想史，增補三版（台北：三民書局，民國六十六年八月），頁四六六至四七○。

第十五章　清代政治思想

第一節　清代政治思想概述

　　明清之際，受環境影響，政治思想轉而依據固有之觀念，以闡揚民族民權之思想。此如，黃羲之明夷待訪錄，唐甄之潛書皆爲貴民思想之代表。黃氏主張以學校爲輿論機關，實與近代民主之精神暗合。顧炎武之郡縣論主張以縣爲政治的基本單位，而以鄉亭保甲佐之。其意在裁抑專制政府之中央集權，雖並非直接提倡民治思想，然亦與黃唐相呼應。至於民族思想之勢力，在清初尤爲高漲，直至雍正以後，經清廷之壓迫摧殘，始暫時沉寂。發揚民族思想最透徹，最完備之思想家，則首推王夫之。夫之改變傳統之文化民族觀念，而強調漢族之界限以族類之殊別，爲文化歧異之原因。此外，王氏論政治制度，以歷史之事實爲參證，認爲觀乎歷史演變之過程即可窺見歷史的趨勢。制度與此趨勢合，才則足以爲治，否則徒滋紛擾。讀通鑑論乃有「夫論政之患聞古人之效而悅之，不察其精意不揆其時會，欲姑試之，而不合，則又爲法以制之，於是法亂弊滋而古制逐終絕於天下。」

　　清初志士之復明運動先後失敗，康熙、乾隆兩朝又復假懷柔以行抑制。故舉山林隱逸，開明史館。設四庫館，而編撰四庫。進而朝廷又利用程朱之綱常名教，以窒梏人心，煙沒清初蓬勃的民族思想。利誘威脅之結果，使智識階級意氣消沉。政治思想幾於絕跡。嘉慶、道光以後，清勢漸替，朝政日壞。

　　太平天國之起，爲弊政之反應，亦爲民族思想之復興，及受到西方基督教之影響的明顯例證。太平天國者，中國受歐洲文化影響而發生

之第一次革命。太平詔書，天朝田畝制度，不僅遠承明末清初之民族思想，揭櫫顛覆異類政權之鮮明主張，且根據基督教之平等、博愛精神而圖摧毀清廷所假藉之傳統綱常名教。誠兩千年來未有之大事。因此，在動盪之後，遂更引發同治維新。

　　再則康有爲、譚嗣同、梁啓超爲戊戌變法之倡導者。戊戌維新之較同治維新進步者，在覺悟徒恃西技不足以圖強，而提出易法更制之主張。其仍蹈同治維新之故轍者，則誤信清廷之足與有爲，欲藉保皇以救國。戊戌維新，以康梁爲中心，然而，當時同情維新者頗不乏人。嚴復、何啓、胡禮垣，其較著者也。嚴復所譯之各種西書，如天演論、社會通銓等尤能啓發國人的心思，轉變思想之風氣。原強文中謂西洋國家之富強，人民之德智均爲我所遠不及。其所言「苟求其故，則彼以自由爲體，以民治爲用。」非對西洋文化有深入了解者，不能有此見識。這表示，至戊戌維新時代，二千年中國傳統之政治觀念，經新思潮之衝擊，漸露根本搖動之勢。君臣上下之分，有人加以批判，萬世師表之孔子亦開始有人對之懷疑。

　　辛亥革命結束數千年之君主政治，其歷史意義，遠過於始皇之統一。中國政治思想之轉變，至辛亥革命已達另一高峰。中山先生之思想系統，亦在此時代中發展完成，而成爲革命建國之理論基礎。中山先生思想最重要的特點，乃在融通中西，調和新舊，以集大成爲創造之偉大能力。蓋處二十世紀之時代，不精通先秦以來的學術，不足爲中國之思想家；不精通歐美之學術，不足爲現代之思想。[1]此二條件，中山先生皆俱備，而又能加之以愼思明辨，展現出綜合之創造能力，中國現代政治思想至中山先生而有所成，固非出於偶然。

第二節　黃羲之

一、黃羲之略傳

　　黃羲之，清餘姚人，字太沖，號梨洲。生於明神宗萬曆三十七年。遵父遺命，就學於劉蕺山，窮究史學，及九流百家之蘊奧。國亡時，糾合同志，抵禦清兵，且遠至日本乞師。晚年著明夷待訪錄，以箕子自比。顧炎武讀明夷待訪錄而評其書：「百王之敝，可以復起；三代之盛，可以徐還。」其推重如是。

二、民權思想

　　梨州反省明亡之經驗，對君主專制提出批判，重視民權思想，而主張政治須以民利民福為前提。故君之為君就是要使天下人受利釋害，往往會較天下人更為辛苦勤勞。此無怪乎有人不願居君位也。此如：

　　「有生之初，人各自私也，人各自利也。天下有公利，而莫或之與；有公害，而莫或之除。有人者出，不以一己之利為利，而使天下受其利，不以一己之害為害，而使天下釋其害，此其人之勤勞，必千萬於天下之人。夫以千萬倍之勤勞，而己又不享其利，必非天下之人情所欲居也。故古之人

君，量而不欲入者，許由、務光是也。入而又去之者，堯舜
是也。初不欲入，而不得去者禹是也。豈古之人有異哉？好
逸惡勞，亦猶夫人之常情也。」（原君）

令人痛惜的是，後世之君，逐利者多，不得「規之焉以君臣之
義，無所逃於天地之間。」其實君與臣，皆係公僕而已。梨洲乃在堅持
政治之目的，在謀全民之福利前提下，指出臣之爲臣，要以服務天下爲
念，不在效忠一君一姓也。

「天下不能一人而治，則設官以治之；是官者，分身之君
也。」（置相）
「我之出仕也，為天下，非為君也；為萬民，非為一姓也。」
（原臣）
「夫治天下，猶曳木然……君與臣共曳木之人也。」（原臣）
「君臣之名，從天下而有之者也。吾無天下之責，則吾在君
為路人。出而仕於君也，不以天下為事，則君之僕妾也，以
天下為事，則君之師友也。夫然謂之臣。其名累變。夫父子
固不可變者也。」（原臣）

原君、原臣諸論，皆打破傳統君臣大義，倡民治主義之妙理，具
現代之觀念，此梨洲之所以為大儒。

三、立法精神

立法不在形式上之條文，而在精神原則上之法意。梨洲認為，
「三代以上有法，三代以下無法」。何以致此？乃由於後人失卻立法精神

之緣故。而三代之上的立法精神，都係以非為一己而立為根本，所以他才說三代以上有法。

> 「二帝三王，知天下之不可以無養也。為之授田以耕之；知天下不可無衣也，為之授地以桑麻之；知天下之不可無教也，為之學校以興之；為之婚姻之禮，以防其淫；為之卒乘之賦，以防其亂，此三代以上之法也，固未嘗為一己而立也。」（原法）

三代以下之法，何以成為非法和無法，乃是因三代以下之法，失卻立法精神之緣故。

> 「非法之法，前王不勝其利欲之私以創之，後王或不勝其利欲之私以壞之。壞之者，固足以害天下；其創之者，亦未始非害天下者也。」（原法）

這表示，三代之下之君主，是為一己之私而立法，故其法成為非法，所以天下之亂，就是這種「法」造成的，故撥亂求治，梨洲主張要有治法與有治人。

> 「使先王之法而在，莫不有法外之意，存乎其間。其人是也，則可以無不行之意。其人非也。亦不至深刻羅網，反害天下。故曰：有治法而後有治人。」（原法）

有治法而後有治人；無治法即無治人，此為政治上之定則[2]，也是梨洲對制度的看法。

四、君權必須設限

明代專制政治極爲惡劣，梨洲認爲係因無強有力之宰相所致，故而主張置相爲必要。

「古者不傳子而傳賢，其視天子之位去留，猶夫宰相也。其後天子傳子，宰相不傳子。天子之子，不皆賢，尚賴宰相傳賢，足相補救。」（置相）

梨洲對宰相職權及制度組織之所以重視，在於欲藉行政上之制衡與維繫使政務推動順利，又可使君權受限，不致亂政。

「凡章奏進程，六卿給事中主之，給事中以白宰相，宰相以白天子，同議可否？天子批紅；天子不能盡，則宰相批之，下六部施行。」（置相）

五、教育上之主張

梨洲既主張民治民本學說，故也主張學校需有立法、彈劾之權，他說：

「學校所以養士也；然古之聖王，其意不僅此也；必使天下之具，皆出於學校，而後學校之意始備。……天子之所是未必是，天子之所非未必非，天子亦遂不敢自為是非，而公其是非於學校。是故養士為學校之一事，而學校不僅為養士而

設也。」（學校）

因此，梨洲引東漢與宋太學議政之事，謂爲三代遺風。易言之，即贊成學校爲政治之重心。然而，梨洲對學校之本身宗旨，固未嘗忽視。

「凡一邑之名蹟及先賢陵墓祠宇，其修飾表彰，皆學官之事。」（學校）

「世儒於屯田則言可行，於井田則言不可行，是不知二五之爲十矣。」（田制）

第三節　顧炎武

一、顧炎武略傳

顧炎武，號亭林，清江蘇崑山人。奉母遺命，不事二姓。與同志舉義兵不成，乃漫遊南北。康熙間荐應鴻博，修明史，皆不就。康熙二十年，卒於華陰，年七十。學者號亭林先生，爲清代漢學家所宗。

二、糾正君王專制

炎武也是在反省明代君主專制的缺失後，希望透過制度的改革，來振衰起弊。故而顧炎武力主以「寓封建之意於郡縣之中」，來解決中國日弱而趨於亂，但其著重點卻在反對君主「人人而疑之，事事而制之」

之專制制度。故曰：

> 「方今郡縣之敝已極，而無聖人出焉。尚一一仍其故事，此
> 民生之所以日貧，中國之所以日弱而趨於亂也，何則？封建
> 之失，其專在下；郡縣之失，其專在上。古之聖人，以公心
> 待天下之人……今之君人者，盡日海之內為我郡縣，猶不足
> 也。人人而疑之，事事而制之……所謂寓封建之意於郡縣之
> 中，而二千年以來之敝可以復振。後之君，苟欲厚民生，強
> 國勢，則必用吾言矣。」（亭林文集卷六答友人論學書）

既然反對君主專制，則以何制度糾正之？炎武以為要重視分權與
郡縣，前者之目的主要在防止專制之流弊。

> 「自公卿、大夫，至於百里之宰，一命之官，莫不分天子之
> 權，以各治其事，而天子之權乃益尊。」（亭林文集卷一郡
> 縣論）

可見，炎武已深悉分權之重要，故主張分權，使權力不集中於君
主而導致專制之危害。

至於其重視郡縣，可於下列論述中得悉：「是以言蒞是而事權不
在郡縣，言興利而事權不在郡縣，言治兵而事權不在郡縣，尚何以復論
其富國欲民之道哉！必也復四者之權，一歸於郡縣，則守令必稱其職。
國可富，民可裕，而兵農各得其業矣。」（日知錄卷六、鄉亭之職）

倘若郡縣能擁有蒞事、興利、理財、治兵四種事權，則郡縣便可
享有實際之行政權力，而利於推展地方（郡縣）自治。綜合言之，炎武
深信如能重視分權與郡縣行政權，則必可糾正君主專制之流弊。

三、主張四維治國

　　顧炎武主張以禮、義、廉、恥四維治國，尤其是「恥」。因此，他以為士人無恥，乃最可痛恨者。而顧炎武本人始終不仕清朝，乃行己有恥之具體表現。故曰：「五代史馮道傳論曰：禮義廉恥，國之四維，四維不張，國乃滅亡……禮義治人之大法，廉恥立人之大節。蓋不廉所無不為，不恥則無所不為……孟子曰：人不可以無恥，無恥之恥，無恥矣。……所以然者，人之不廉，而至於悖禮忘義，其源皆生於無恥矣，故士大夫之無恥，是謂國恥。」（日知錄卷十三廉恥）這也是炎武在國亡後的痛切反省。

四、重視清議

　　我國古代，諸如管仲建議齊桓公成立嘖室之議；鄭子產之設立鄉校；召穆公所謂防民之口，甚於防川，皆是注重清議的例子。然而，自君主專制政治興，則清議日不受重視。顧炎武深感清議之重要，是故特加倡導。曾曰：「天下風俗最壞之地，清議尚存，猶足維持一、二。至於清議亡，而干戈至矣！」（亭林文集卷三，與友人論學書）

　　顧炎武且對孔子所云「天下有道，則庶人不議」之論，就反面加以闡述曰：「然則政教風俗苟非盡善，則許庶人之議矣。故盤庚之誥曰：無或敢伏小人之攸箴，而國有大疑，卜諸庶民之從逆。子產不毀鄉校，漢文止輦受言，皆以此也。唐之中世，此意猶存。魯山令元德秀遣樂之數人連袂歌於蒿，玄宗為之感動；白居易為蠡屋尉作樂府及詩百餘篇，規諷時事，流聞禁中，憲宗召入翰林，亦近於陳列國之風，聽輿人

之誦者矣。」（日知錄卷十三清議條）

炎武認為，清議不僅對中央政治如此重要，且與選舉（鄉里）制度有密切關係。

「古之哲王所以百辟正者，……應清議於卅里。……鄉舉里選，必先考其生平，一玷清議，終生不齒，君子有懷刑之懼，小人有恥格之風。教成於下，而上不嚴，論定於鄉，而民不犯。」（日知錄卷十三，清議條）

由上可知，炎武是把此乃清議做為地方選舉之基礎，這時清議不僅與人才選拔有關，更能反映民情，故清議誠然為政治上所不可缺少者。

第四節 王夫之

一、王夫之略傳

王夫之字而農，號薑齋。因隱居石船山，學者稱船山先生。生於萬曆四十七年，卒於康熙三十一年。年二十四舉於鄉。甲申，聞北京陷，絕食數日，做悲憤詩一百韻，吟已輒哭。丁亥，桂王稱帝。船山以大學士瞿式耜荐，起為行人司行人。及瞿殉難，知事無可為，乃漫遊湘桂間，而卒歸隱衡之石船山。所著書甚富，已刊者三百餘卷，收入船山遺書中。

二、社會進化論

世人常認為世風日下，秦漢不如三代，三代不如唐漢，一代不如一代，此一理論乃為退化論。夫之則對此論不表同意。他說：

「當紂之世，朝歌之沈酗，南國之淫奔亦孔醜矣……至春秋之世弒君者三十三，弒父者三，卿大夫之父子相夷，兄弟相殺，姻黨相滅，無國無歲而無之，蒸根無忌，黷貨無厭，日盛於朝野……五胡之後，元高宇文駔戾相踵，以導民於澆，非民之固然也……唐初略定，夙習未除，又豈民之固然哉。倫已明，禮已定，法已正之餘，民且願得一日之平康以復其性情之便。固非唐虞以前茹毛飲血，茫然於人道者此也。」（讀通鑑論卷二十唐太宗）

既然社會是在進化，然則「治唐堯三代之民難，而治後世之民易，亦較然矣。」（令上）船山由此出發，而謂法制必須因時因地而不同，不可全然以古為法。換言之，制度治術必須適應時代之變遷，他說：「夫為政之患，聞古人之法而悅之，不察其精意，不揆其時會，欲姑試之而不合，則又為之法以制之，於是法亂弊滋，而古道遂絕於天下。」（同上卷三漢武帝）

是故就時代背景言，「漢以後之天下，以漢以後之法治之」（同上卷五漢武帝）絕不可膠柱鼓瑟。就地而言，亦須注意地理環境之不同：「一人之身，老少異狀，況天下乎……南北異地也，以北之役役南人，而南人之脆者死。以南之賦賦北土，而北土之瘠也盡。」（同上卷四漢

元帝）

　　總而言之，「法者非一時，非一人，非一地者也。」（同上）可是，雖然法因時因地而異，但法之外尚有理，世上無定法，而有定理。夫之所謂之理，並非玄學上之理，而是價值目的上之理，是以安民為終極理想：「天下有定理，而無定法，定理者，知人而已矣，安民而已矣，進賢遠奸而已矣。無定法者，一興一廢，一繁一簡之間，因乎時而不可執也……故曰，定有理，而法無定，因乎其時而已。」（同上卷六光武帝）可見，理才是法的最終依據。

　　再者，夫之以為三代之制，因環境變遷，多難行於現代，古者兵農合一，今則「農不可兵，兵不可農」，古者文武合一，今則「相不可將，將不可相」（讀通鑑論卷二漢文帝）。蓋一切之法乃「相扶以行，孤行則躓矣」（同上卷三漢武帝）。易言之，一代制度自成系統，而有其相配套之制度，取其一而捨其他，當然不會有效用。此如：

> 「一代之治，多因其時，建一代規模，以相扶而成治……禮樂刑政，均四海，齊萬民，通百為者，以一成純，而互相制裁。舉其百，廢其一，而百者皆病。廢其百，舉其一，而一可行乎。」（讀漢通鑑論卷廿唐高宗）

夫之此說對我們後人是有所啟發的。

三、民族思想

　　夫之之政治思想中，影響後世既深且巨者乃其民族思想，甚至影響到清末之革命運動。而其主要理論，計有下列各要點：

（一）以夷狄為異類之極端民族主義論

　　「仁以自愛其類，義以自制其倫。……今類族之不能自固，
　　而何他仁義之足云。」（黃書後序）
　　「夷狄者，殲之不為不仁，奪之不為不義，誘之不為不信，
　　何也？信義者，人與人相與之道，非以施之異類者也。」
　　（讀通鑑論卷四）

　　夫之因明亡於清之故，民族思想甚為激烈。蓋夫之以為華夷之別
不僅是文化有別，而且所居之地異，氣質亦因之而異。此即他所說之：
「異種者其質異也，質異而習異，習異而所知所行蔑不異焉。」（讀通鑑
論卷十四東晉哀帝）有以致之。這樣一來，夷狄也就成為非我族類之異
類了。

（二）種族之防不可不切

　　夷狄既為異類，當然必須慎防其害，故曰：「天下之大防二：華
夏夷狄也，君子小人也，非本末有別而先王強為之防也……華夏之生民
亦受其吞噬而憔悴。防之於早，所以定人極而保人之生，因乎天地。」
（讀通鑑論卷十四）這是夫子深痛明亡的激越心情的流露。

（三）認定中國以外各民族，全是文化低於漢族之野蠻人，
##　　　此則可說是極端的大漢族主義

　　在激越心情下，夫之竟有極端排斥外族的論述，他說：

　　「中國之天下，軒轅以前，其猶夷狄乎？太昊以上，其猶禽

獸乎？禽獸不能全其質，夷狄不能備其文，文之不備，漸至
於無文，則前無與識，後無與傳，是非無恆，取捨無據……
文去而質不足以留，且將食非其食，衣非其衣，衣異而形儀
殊，又返乎太昊以前，而蔑不獸矣。至是而文文字不行，聞
見不徵，雖有億萬年之耳目，亦無與徵之矣。此為混沌而已
矣。」（思問錄外篇）

同時，船山更由其大漢族主義之立場，對以武力宣揚中國文化甚
表贊成。

「遐荒之地，有可收為冠帶之倫，則以廣天地之德而立人極
也。非道之所可廢，且抑以抒之民之寇攘而使之安，雖然，
此天也，非人之所可強也，天欲開之，聖人成之，聖人不
作，則假乎於時君及智力之士以啓其漸。以一時之利害言
之，則病天下，通古今而計之則利大而聖道以宏，天者，含
往古來今而成純者也。……武帝之始，聞善馬而遠求耳。騫
以此而逢其欲，亦未念及牂牁之可闢為內地也。然因是而貴
筑、昆明垂及於今而為冠帶之國。此豈武帝、張騫之意計所
及哉？……君臣父子之倫，詩書禮樂之化，聖人豈不欲普天
率士而沐浴之乎？時之未至，不能先焉。迨其氣之已動，則
以不令之君臣，役難堪之百姓，而即其失也以為得，即其罪
也以為功，誠有不可測者矣。天之所啓，人為效之，非人之
能也。……江、浙、閩、楚，文教日興迄於南海之濱，滇雲
之壤，理學節義文章事功之選，肩腫相望，天所佑也。漢肇
之也。」（讀通鑑論卷三）

　　此外船山復深信異族縱使一時入侵成功終必滅亡，此蓋異族生長塞外，「非其地而闌入之，地之所不宜，天之所不佑，人之所不服也」，「舍其地之所可安，以犯天紀，則未有能延者。」（讀通鑑論卷十二晉懷帝）「是故拓拔氏遷洛而敗，完顏氏遷蔡而亡，游鱗於沙渚，嘯狐於平原，將安歸哉，待盡而已矣。」（同上卷十三晉成帝）

　　最後船山更強調，縱令入侵之異族接受中華文化，亦只爲沐猴而冠之屬，終會滅亡。

　　「夷狄而效先王之法，未有不亡者也。……沐猴而冠，為時大妖，先王之道不可竊，亦嚴矣哉。……竊其德仁，固未足以為德仁也。……相雜而類不延，天之道，物之理也。」（同上卷十四晉孝武帝）

　　夫之因時代影響，對民族思想之看法論點並不夠平正，而充滿偏激悲情。後人宜以同情諒解角度視之，若能由之體悟人類仇恨衝突何以難化解，及該如何化解，也許可以稍平夫之之孤憤。

第五節　康有爲

一、康有爲略傳

　　康有爲，字廣廈，號長素，廣東海南人。清文宗咸豐八年生（西元一八五八年）因嚮往於歐西之文明，懷抱維新之思想，遂於光緒十四

年（一八八八年）伏闕上書，主張變法，惟清廷并無採納其議之意，乃
歸故里，開「萬木草堂」私塾，以培育青年爲職志。其弟子梁啓超等，
亦協力宣導其君主立憲之主張。前後六次上奏，然爲西太后與保守派所
排擠，後奔走海外，倡保皇論調。著有「孔子改制考」、「新學僞經考」
等書。

二、大同世界之主張

　　康有爲認爲東漢古文學，諸如周官、左傳、毛詩，皆係劉歆僞
作，不足採信。他的思想完全以春秋三世說爲基礎，並強調孔子改制之
精神，是合於社會進化原則。三世之說乃人類之進化歷程，愈改革則愈
進步，至終可達大同世界。於是秉諸公羊之義撰寫大同書，指出公羊所
云「升平之世」乃是禮運篇之小康，公羊所之「太平之世」乃是禮運篇
所指之「大同之世」。此外，他又說正君臣父子之別，嚴夫婦長幼之
序，只是孔子小乘之境界；而大同之世，則是其大乘之境界。彼所期盼
之大同世界，乃是其政治之理想。至於大同書中所擬改造社會之內容如
下：

1.無國家，全世界分若干區域，而置一總政府。

2.總政府，區政府，皆由民選。

3.無家族，男女同棲，不得逾一年，屆期則易人。

4.婦女妊娠時，入胎教院，產兒入育嬰院。

5.按兒童之年齡，入蒙養院，以及各級學校。

6.成年後，依政府指派，分任農工等生產事業。

7.有病則入養病院，老則入養老院。

8.各區胎教、育嬰、蒙養、養病、養老院等，設備皆期於最
　完全，使入其中者，皆享最高久愉樂。

9.成年男女，須若干年間服役，恰如現世各國之壯丁皆當服
　役一樣。

10.設公共宿舍、公共食堂，其中又設等級，使各按勞作之
　　所入，自由享用。

11.以最嚴的刑罰，警惰懶。

12.在學術上新發明，或在五院中有勞績之人，得受殊賞。

13.死則火葬，火葬場的鄰近，則設肥料工廠。（以上據梁
　　啓超所著清代學術概論）

　　依據上述綱目而言，康有為所描繪的實即廢除國家制度和家族制
度的一個大同共產之社會。處數十年前，而有此種主張，其思想之特
殊，不言而喻。[3]

　　梁啓超曾評述其大同書之義曰：「大同書之條理略是。全書數十
萬言，於人生苦樂之根源，善惡之標準，言之極詳辯，然後說明其立法
之理由，其最要關鍵，在毀滅家族。有為謂佛法出家，求脫苦也，不如
使其無家可出，謂私有財產為爭亂之源，無家族則誰後樂有私產；若夫
國家，則又隨家族而消滅者也，有為懸此鵠為人類進化之極軌，至其當
由何道乃能致此，則未嘗言。其第一眼目所謂男女同棲當之期限者，是
否適於人性，則亦未曾能自完其說。雖然，有為著此書時，固一無依
傍，一無抄襲，在三十年前，而其理想與今世所謂世界主義、社會主義
者多合符契，而陳義之高且過之，嗚呼，真可謂豪傑之士也已。」（梁
啓超所著清代學術概論）可見，雖然梁啓超也未必全然贊成康有為的大

同世界之說，但是仍然推崇有為所說甚為特殊。吾人思之，似也與柏拉圖之「理想國」有若干類似處。

三、反對共和力倡君主立憲

康氏依春秋三世之說，認為當時只是小康時代，可行君主立憲，而不宜實行民主共和。

> 「若持美法之治效，自由平等之説，共和政黨之制，施於中國，其宜耶⋯⋯非耶⋯⋯執一政體治體者必非良法⋯⋯夫所謂政黨議會，民權憲法，乃至立憲共和專制，皆方藥也。當其病，應其時，則皆為用，非其病，失其宜，則皆為災。」（不思雜誌彙編初集卷一中國以何方救亡論）

豈但中國不能由二千餘年之君主政治，猝然改易為共和民主，就是歐美各國亦是如此。「法之共和亂八十年而後定。墨之共和亂三百年，而至今未定。南美諸國亂百餘年而今未定。」（不思雜誌彙編二集卷二鳴呼噫嘻吾不幸而言中）只唯美國，獨立之後，即能採用民主共和，「其故有四：開國諸賢皆清教之徒，無爭權位之志，只有救民之心，一也。因於屬地十三州已有議院自立，本無君主，二也。本為英人，移植英已成之憲法於美，政黨僅二，故美獲安，三也。美初立時，人民僅三百萬，仍是小國，四也。」（不思雜誌彙編初集卷一共和政體不能行於中國論）。由此可知，康氏反對共和，至為明顯。彼復引各國為例，說明立憲君主與立憲民主無甚差別，而君主制度尚可使政局安定，倘若數年改選元首一次，則兩黨相爭，勢必引起紛亂。

「夫立憲君主與立憲民主之制，其民權同，其國會內閣同，
其總理大臣與總統同。名位雖殊，皆代君主者也。……而爭
總統者兩黨列軍相當，驅國人之屬於黨者相殺。每爭總統一
次，則死國民無數。夫立總統不過為國民代理而已。乃為一
代理而死國民無數，甚害大矣，則反不如有君主而不亂之為
良法也。」（同上卷一共和政體不能行之於中國論）

可見康氏全然相信君主立憲利於政局安定，故主張維持小康之局
的君主政體，而有擁清帝以行立憲之結論。

第六節　譚嗣同

一、譚嗣同略傳

譚嗣同字復生，號壯飛，湖南瀏陽人。生於清穆宗同治四年（西
元一八六五年）。幼年備嘗艱辛，稍長，有大志，博覽群書。光緒二十
一年，見梁啓超，得聞講學宗旨，大為傾倒。後於長沙設時務學堂，以
梁啓超為主講席，且和唐才常、黃宗憲等設「南學會」。論及新政，且
及於各國情勢，遂使湖南學風一變，光緒二十四年，蒙光緒召見，乃參
新政。惟受袁世凱之內叛，事謀不成，從容就義。嗣同初信基督教，後
修春秋公羊學，復研究佛學。著有仁學二卷，文集三卷等書。

二、以仁衝決網羅打破傳統束縛

嗣同以仁心爲根據，討論一切有關社會、人類、政治、道德、宗教等問題，並融會孔子之大同精神，佛耶之慈悲仁愛，孟子之民本思想，莊子之絕對自由，乃至法國大革命之精神，認爲這些都是仁心之體現。其所著仁學一書，對於仁學之義，極力闡揚，並自稱其仁學之目的在「衝決網羅」，力求打破一切傳統之思想及束縛，以體現眞正的仁心。曾說：

> 「初當衝決利祿之網羅，次衝決俗學若辭章之羅網……次衝決君主之網羅，次衝決倫常之網羅……然其能衝決，亦無網羅，眞無網羅，乃可言衝決。」（仁學）

於是主張打破中國一切傳統思想，徹底排斥尊古觀念，認爲二千年來之政多大盜與鄉愿橫行爲禍，未見仁心也。

> 「二千年來之政，秦政也，皆大盜也，二千年來之學，荀學也，皆鄉愿也，惟大盜利用鄉愿，惟鄉愿之媚大盜。」（仁學）

進而更對數千年來假倫理仁心爲名的俗學陋行，亦即宗法封建社會所賴以維繫之「名教」與「綱常」加以攻擊，並曾斥之爲：

> 「俗學陋行，動言明教，效若天命，而不敢渝。……由人創造；上以制其下，而下不能不奉之；則數千年來，三綱五常之慘禍，酷毒由此矣。君以名桎臣……父以名壓子，夫以名

困妻……名之所在，不惟關其口使不敢易言，乃并錮其心使不敢涉想。」（仁學上）

不僅如此，嗣同且不滿小儒妄分天理人欲之善惡對立。「世俗小儒，以理為善，以人欲為惡。不知無人欲尚安得有天理，吾故想夫世之妄生分別也，天理善也，人欲亦善也。」（仁學下）故其由天理人欲皆善，及天理不離人欲，而斥責陋儒假天理為名，壓制人正常慾望之惡行。這也是其衝決倫常網羅的必然結論。

三、反對異族專政

滿清入主中國二百餘年，力行異族專政，並未平等以待漢人，故譚嗣同大聲疾呼，加以反對。他說：

「夫古之暴君，以天下為己之私產止矣。滿人起於遊牧部落，直以中國為其牧場耳。苟見水草肥美，將盡驅其禽畜，橫來吞噬，所謂駐防……一切誅求之無厭，刑獄之酷濫，其明驗。」（仁學）

嗣同由反對滿人專政，進而主張任俠，伸民氣以驅逐滿人：

「若其機無可，則莫若為任俠，亦足以伸民氣，倡勇敢之風，是亦撥亂之具也。西漢民情易上達，而守令莫敢肆，匈奴數犯邊而終驅於漠北，內和外威，號稱一治。彼吏士之顧忌者誰歟？未必非游俠之力也。」（仁學）

四、政治之終極理想——大同世界

嗣同之政治終極理想乃在打破國界，以期臻於畛域化、戰爭息、猜忌絕的大同世界。

「地球之治也，以有天下而無國也。莊曰：『聞有囿天下，不聞治天下』。治者，有國之義也；在宥者，無國之義也。曰：在宥，蓋自由之轉音，旨哉言乎！人之能自由，是必為無國之民。無國則畛域化，戰爭息、猜忌絕，權謀棄，彼我忘，平等出。且雖有天下，若無天下矣。君主廢，則貴賤平；公理明，則貧富均。千里萬里，一家一人。視其家，逆旅也，視其人，同胞也。父無所用其慈，子無所用其孝，兄弟忘其友恭，夫婦忘其倡隨，若西書中百年一覺者，殆彷彿禮運大同之象焉，而國治如此，而家始可言齊矣。」（仁學下卷）

嗣同此說是藉莊子「在宥」一詞，轉為無國界之分的自由，認為唯無國之人，方能真自由，於是就會有大同世界的出現。不過，這到底是他個人的一種想法，既無法證明，也未曾詳述實現的方法。

第七節　梁啓超

一、梁啓超略傳

　　梁啓超，字卓如，一字任甫，號任公，別署飲冰室主人。廣東新會人，生於清同治十二年（西元一八七三年），死於民國十八年（西元一九二九年）享年五十七歲。啓超早年即得神童之譽。光緒十五年八月於廣州會見康有爲，決心放棄舊學。光緒二十一年，康有爲聯絡若干人向清廷上書請求變法，梁啓超亦跟隨活動奔走。光緒二十二年，黃遵憲在上海辦時務報，受聘擔任撰述，開始其報館生涯。光緒二十四年春，在北京協助康有爲開保國會；對於變法維新工作有所盡力；八月，慈禧殘殺戊戌六君子時，梁氏潛逃日本；十月，創清議報，以宣揚君主立憲思想，一方攻擊滿清政府，一方反對國民革命。民國四年，袁世凱帝制時，梁氏發表「異哉所謂國體問題者」一文，表示反對。民國九年後，專心於著述和講學。民國十八年一月十九日，逝世於北平。梁氏著述甚豐，約千萬言，已出版者約有七百萬言左右。主要著作計有飲冰室文集、清代學術概論、中國近三百年學術史等書。

二、政治迫化論

　　梁氏以爲政治由族制、酋長、神權、封建、君主專制、立憲六種政體逐步進化，其中第六級之「立憲政體」爲進化的極點。

「凡人群必起於家族，中國之宗法，實政治之最初級，而各
國所皆曾經也。是族制政體，實萬國政治之起源，吾命為政
治進化之第一級。……此族與彼族相遇則不能無軍，軍則一
族之中，必須有人焉，起而統率之，……是臨時酋長政體之
所由起也！吾命為政治進化之第二級。……於是一變神權政
體，吾命為政治進化之第三級。……或分於部屬諸落，而為
諸侯割據之勢，則封建政體所由起也；吾命為政治進化之第
四級。自茲以往，有英明雄摯之君主出，……然後君主專制
之政體乃成。吾命為政治進化之第五級。……及專制權力之
既鞏固也，則以國民為家奴，虐政顜頓，民不堪命。……於
是乎自由自治之議紛起，君主之智焉者則順其勢而予之；此
立憲政體所由生也。吾命為政治進化之第六級。」（中國專
制政治進化史論）

　　任公由析論政治之進化，而說明政體之不同，其論述似較王夫
之、譚嗣同諸人更為細緻周延。

三、力倡開明專制論

　　梁氏與康有為相同，都反對實行共和立憲制，其理由有四：

1.未有夠資格之國民，不能實行共和立憲。
2.今日中國之民，實未有共和資格。
3.共和資格非短期歲月所可養成。
4.革命軍倥傯騷擾時代，必不能適於養成共和資格。

　　梁氏反對革命，認革命之結果，絕非能得共和，反而可能更形紛
亂。此外，梁氏也反對種族革命。故梁氏曾於「現政府與革命黨」一文
中，力言「漢滿之同棲而分彼此，實製造革命黨原料之從品也，夫在遠
認者觀之，此固不能成為問題」。於「論種族革命與政治革命之得失」
之中，亦有「種族不同，必非不能立憲之原因；不能立憲，必非種族不
同之結果」之說。此可見梁氏主張完全以開明專制擁護清帝為中心，言
立憲而不言民主，言政治革命，而不言種族革命，與當時之國民黨頗有
針鋒相對之勢。唯其反對共和立憲之理由，似也有值得後人深思之處
也。

四、民族主義思想

　　梁啟超對於歐洲之歷史政治認識較深，其言論亦由重視民族思
想，而終至放棄公羊三世。推其原因，乃在中國遭逢帝國主義侵略，斷
不可浮慕萬國大同之理想，必須先發揚民族主義，自救救國，以求臻於
民族之境界。對這一點，他說過：

「凡國而未經過民族之階級者，不得謂之為國。」（國家思想
變遷異同論）

「今歐洲列強皆挾其方剛之脅力以與我競爭，而吾國於所謂
民主義者猶未胚胎焉」。（國家思想變遷異同論）

「知他人以帝國主義來侵之可畏，而速養成我所固有之民族
主義以抵制之，斯今日我國民所當汲汲也。」（國家思想變
遷異同論）

事實上，任公主編新民叢報之時，也曾與民報之民族革命思相對敵，以伸保皇立憲之反民族思想。曾曰：「吾中國言民族者當於小民族主義之外更提倡大民族主義。小民族主義者何，漢族對於國內他族是也。大民族主義者何。合國內本部原部之諸族以對國外之諸族是也。」（文集十三）

然而，迨民國立，梁氏目睹帝國主義侵略之烈，終於一改舊說，也開始提倡民族主義矣。這也凸顯了任公能以「今日之我」一改「昨日之我」的精神。

五、國家論

梁氏曾從國家之起源、要素、性質暢論國家之理論。曾撰文說明：「故自其內界言之，則太平之時，通功易事，分業相助，必非能以一身而備百工也。自其外界言之，則急難之際，群策群力，捍城禦侮，尤非能以一身而保七尺焉。於是乎國家起焉。」（新民說、論國家思想）

此種有關國家之起源說，乃分別就內、外界析述國家乃應實際需要而成立。進而他還分析過國家組成的要素：

「天下未有無人民而可稱之為國家者，亦未有無政府而可稱之為國家者。政府與人民，皆構造國家之要具也。」（論政府與人民之權限）

任公受西方近代政治學說之影響，其所說國家構成要素與現代政治學所論者相類似。唯其更特別重視人民在國家中的重要性，他說：

「故人民為國家之主體。……人民之盛衰，與國家之盛衰，

如影隨形。」（國家思想變遷異同論）

任公以爲國家爲人民而立者，人民爲國家之主體。更說有強健之國民始有強盛之國家，兩者息息相關。

六、政府論

首先梁氏認爲國家並不等於政府，惟有國家必定有政府，因此兩者確該有所區別。

> 「故有國家思想者，亦常愛朝廷；而愛朝廷者，未必皆有國家思想。朝廷由正式而成立者，則朝廷爲國家之代表；愛朝廷即所以愛國家也。朝廷不以正式成立者，則朝廷爲國家蟊賊，正朝廷乃所以愛國安也。」（新民說）

至於政府有那些性質與功用？梁氏曾舉村市與會館爲例，加以說明：「國家如一村市，朝廷則村市之會館，而握朝廷之權者，則會館之值理也。會館爲村市而設乎？抑村市爲會館而設乎？不待辨而知矣。兩者性質不同，而其大小輕重自不可以相越。」（論國家思想）言下之意當然是說國家較政府重要，政府只是治理國家的機構，而執政者則是政府中的「值理」公僕也，萬不可因掌握政府而忘記國家成立的目的。

七、自由論

任公以爲先哲言仁政，惟缺乏西洋之自由思想，仁政與自由形質雖同，而精神則異。蓋仁政之主動權還是在政府，民權並不得保。「中

國先哲言仁政，泰西近儒倡自由，此兩者其形質同而精神迥異⋯⋯是故言政府與人民之權限者，謂政府與人民立於平等之地位，相約而定其界也，非謂政府畀民以權也。趙孟之所貴，趙孟能賤之，政府若能畀民權，則亦能奪民權。吾所謂形質同而精神迥異者此也。」（飲冰室文集之十）

　　然而，西洋人雖倡自由，而自由之行使與保障亦該有確切意涵，梁氏一方依功利主義者之主張，以為「凡人民之行事有侵他人之自由權者，則政府干涉之。苟非爾者，則一任人民之自由，政府勿過問也⋯⋯故文明之國家⋯⋯人各有權，權各有限也。權限云者，所以限人不使濫用其自由也。」（論政府與人民之權限）。同時復採用孟德斯鳩之分權學說以為「強有力恆喜濫用其力，自然之勢也。濫用焉，鋒有而所嬰而頓焉，則知斂。斂則其濫用之一部分適削減以去，而軌於正矣。」（政治上之對抗力－文集之十三）可見任公既不贊成為所欲為的自由，更希望以分權制衡來約束掌權者，使人民得享自由。

八、政黨政治論

　　任公以為民主政治必須實行政黨政治。蓋因政黨與憲政不可分，他曾說：「非真立憲之國不能有真政黨，然非有真政黨之國亦不能立憲。」（敬告政黨及政黨員）換言之，任公在實際參政的歷練中，深刻體悟出：

「苟一國而無強健實在之對抗力以行乎政治之間，則雖有憲法而不為用。⋯⋯強健正當之對抗力何自發生耶？曰：必國中常有一部上流人士惟服從一己所信之真理，而不肯服從強

者之指令。威不可得而劫也；利不可得而誘也。既以此自
勵，而後以號召其朋，朋聚眾則力彌於中而申於於外，遇有
拂我所信者則起而與之抗，則所謂政治上之對抗力，厥具形
矣。……夫既知對抗力之可貴，則於他人之對抗力亦必尊重
之。故當其在野也，常對抗在朝者而不為屈；即其在朝也，
亦不肯濫施職權以屈彼我對抗之人。」（政治上之對抗力）

此乃進一步說明政黨政治之特性；在野和執政相互對抗但又彼此
尊重，以發揮政治之功能。[4]任公大概認為在這種政黨政治下，我國的
政治發展殆可以逐漸步入正軌了！

註釋

1 蕭公權，迹園文存，初版（台北：環宇出版社，民國五十九年十一月），頁九二至一〇三。

2 陳安仁，中國政治思想史，三版（台北：商務印書館，民國六十年二月），頁二六九至二七一。

3 同2，頁二八九至二九〇。

4 汪大華、萬世章，中國政治思想史，再版（台北：三民書局，民國六十一年八月），頁六五一至六五二。

中國政治思想史

著　　者／談遠平

出 版 者／揚智文化事業股份有限公司

發 行 人／葉忠賢

總 編 輯／林新倫

登 記 證／局版北市業字第 1117 號

地　　址／台北市新生南路三段 88 號 5 樓之 6

電　　話／（02）23660309

傳　　真／（02）23660310

郵政劃撥／19735365　戶名：葉忠賢

印　　刷／鼎易印刷事業股份有限公司

法律顧問／北辰著作權事務所　蕭雄淋律師

初版一刷／2003 年 4 月

ISBN ／957-818-496-4

定　　價／新台幣 300 元

E-mail ／ book3@ycrc.com.tw

網　　址／ http://www.ycrc.com.tw

國家圖書館出版品預行編目資料

中國政治思想史／談遠平著. – 初版. –
　臺北市：揚智文化, 2003[民 92]
　面；公分

ISBN 957-818-496-4（平裝）

1.政治－哲學，原理－中國

570.92　　　　　　　　　　92003116